中华文化故事

少年读

李晓愚——著

译林出版社

图书在版编目（CIP）数据

中华文化故事·少年读 /李晓愚著. —南京：译林出版社，2022.8
ISBN 978-7-5447-9227-1

Ⅰ.①中… Ⅱ.①李… Ⅲ.①中华文化 - 少年读物 Ⅳ.①K203-49

中国版本图书馆 CIP 数据核字（2022）第 095587 号

中华文化故事·少年读　李晓愚 / 著

责任编辑　许　昆
装帧设计　侯海屏
校　　对　蒋　艳
责任印制　董　虎

出版发行　译林出版社
地　　址　南京市湖南路 1 号 A 楼
邮　　箱　yilin@yilin.com
网　　址　www.yilin.com
市场热线　025-86633278
排　　版　南京展望文化发展有限公司
印　　刷　江苏凤凰新华印务集团有限公司
开　　本　718 毫米 ×1000 毫米　1/16
印　　张　15.25
插　　页　2
版　　次　2022 年 8 月第 1 版
印　　次　2022 年 8 月第 1 次印刷
书　　号　ISBN 978-7-5447-9227-1
定　　价　39.00 元

出版说明

中华传统文化源远流长、博大精深，是我们增强民族自豪感与自信心的思想底蕴，是为更美好未来奋斗的精神动力。我社深研中华传统文化的思想精华与道德精髓，深挖中华传统文化的宝藏，特请南京大学李晓愚教授精心创作了“中华文化故事”丛书。

丛书分为《汉字的故事》《词语的故事》《诗词的故事》《古画的故事》《书法的故事》《风物的故事》六册，以新颖活泼的讲述方式，带读者感受中华传统文化的魅力。自2020年3月出版以来，受到学界与读者广泛好评。中央电视台《百家说故事》栏目组还因此邀请李老师以本丛书为基础，撰稿并录制了多期节目。

李老师为响应青少年朋友的需求，现特别精选出69篇短文，专门进行了全面改写，妙趣横生、引人入胜，更加适合学生阅读水平，集为《中华文化故事·少年读》一书。通过这份传统文化的盛宴，我们期待与小读者们一起联系古今，学以致用，领略中华传统文化之美。

译林出版社编辑部

2022年6月27日

李晓愚老师“中华文化故事”丛书名家评价

《汉字的故事》

我建议拥有了一定汉语能力的年轻人好好读一读《汉字的故事》这本书。面对汉字，如果我们从审美这个天窗看过去，无论你着重的是历史逻辑还是文化脉络，那些象形、那些指事、那些会意、那些形声、那些假借，它们都是一碧如洗的。

——毕飞宇

《词语的故事》

李晓愚以她风趣独特的语言梳理汉语词语的流变，探寻其中丰富的文化信息。看似平常的词语因此都有了身世、性格与表情，各自鲜活、生动起来，读后令人难忘。

——余　华

《诗词的故事》

领受古典诗词之美，诗词本身和对诗词的理解都很重要。李晓愚的这本《诗词的故事》锦心妙解，古人的境遇与心思竟与今天的我们息息相通，读文解诗，确是美妙享受。

——苏　童

《古画的故事》

读者手中的这本书，不是一部学术专著，而是一部为娱乐心灵而撰写的普及性读物。阅读它，就像听作者亲自跟我们聊天。她谈绘画，说掌故，娓娓道来，既生动，又有趣，我们一下子就给迷住了。

——范景中

《书法的故事》

李晓愚以优美、生动的叙述把一件件珍贵的古代书迹还原到其最初的历史语境中，使读者得以通过书法去洞察各个时代人们的生活情态与生命体验。

——叶兆言

《风物的故事》

《风物的故事》中的风物，有的已退出历史舞台，有的暂居幕后，有的仍在当下鲜活生动着。有了作者的描绘和揣摩，所有这些风物，不仅是中华文明的脚印，也成为每个中国人的身心寄托和情感居所。

——丁　帆

目录

序言
像她那样传播中华文化

热爱祖国，就必须了解中华文化。中华文化的内涵极为丰富，仅语言文字一项，就决定了它在国人文化学习中的重要地位。其独特的美育价值，令人自豪。学好汉语言文字，进而更多地了解中华文化的优秀传统，既能领略它的博大精深，也能提升个人的文化品位。

呈现在我们眼前的《中华文化故事·少年读》，把中华文化的抽象概念化作了形象的故事。它有几大特点：一是内容充实。图书包括汉字、成语、诗词、绘画、书法、风物六篇，虽然中华文化远不止这些，但此六者对广大青少年来说，是基础性营养，对日后的精神发育具有不可估量的影响。作者很重视育人，教育人做个纯真的人、正直的人，令人印象极其深刻。二是感情真挚。在诠释知识的过程中，作者善于结合现代语境，怀着真挚的情感，表达了切身的感悟，在读之亲切的同时，给人许多有益的启示。三是语言质朴。作者不炫耀学问，不玩弄概念，而是用质朴的语言，把学术的成果做成了普及读物，通俗易懂，深入浅出，最大限度地扩大了中华文化的影响力。

说到作者，想说的话不少。我并不认识她。十几年前，她在江苏教育电视台主持《微讲堂》，我是忠实的观众。当时她叫李娜。十七岁时，她就只身赴巴西参加世界青少年论坛，不简单。从复旦大学新闻学院毕业后，入英国剑桥大学攻读经济学。回国后，在中国美术学院改学中外美术史，获得了多方面的滋养。之后好几年没有她消息，没想到她已改名李晓愚，而且是南京大学的博士生导师了。去年，我读了她根据《微讲堂》改编的“中华文化故事”丛书中的两本书。她很善于表达，往往故事里有知识，知识中有思考。她的才气令我感叹，她的勇气令我敬佩。我虽然年龄比她大了许多，但仍要好好向她学习。

第一，要学她的独立人格，她永远是她自己（“我首先真诚地愿意接受我自己”），她始终有自己的思想。她独自闯世界，独自开讲座，独自主持科研项目，真好。第二，要学她的人文情怀，她说：“考量一个社会真正的文化，是看它怎么去渗透进百姓的日常生活”；“我们需要去思考什么东西值得长久地流传下去，以及用什么方式让它传承下去”。她总在考虑文化与生活的融合。第三，要学她的交流意识。她把学术研究通过写书、教学、做节目，去和更多的人分享。“我相信任何人之间的这样一种互动的力量是巨大的，它可以推动一些改变”，她“真诚地跟这个世界，跟他人发生联结”。这是何等美好的事情！

就读好、用好这本书，我有以下建议：就个人来说，希望广大青少年决不能把它当一般闲书看看玩玩，而应十分用心，以不负作者的一片苦心。可以摘抄书中精彩片段，作为日后写有关作文时的素材；也可对书中的某些解读发表不同的看法，写成简要的书评；还可以从书中某些内容谈起，联系当下现实，写成读后感；等等。总之，认真阅读它，对增加自己的知识积累，进而提升人文修养，都意义不凡。就学校而言，可办“中华文化读书节”，通过“中华文化知识竞赛”“中华文化读书心得交流”“‘我爱中华文化’作文比赛”等系列活动，让中华优秀传统文化深入师生心中。

广大文科教师，尤其是语文教师，在向作者致敬的同时，应该像她那样，努力传播优秀的中华文化。我们平时经常说到自信，其实，对一个国家来说，归根到底要有文化自信。这是民族的魂，是强大的软实力。

民族传统与生命相伴，中华文化跟岁月同在。

喻旭初

2022.6.26

喻旭初，生于1941年，江苏宜兴人，江苏省语文特级教师，曾任南京市中学语文教学研究会会长，全国中学语文教学研究会学术委员。

一 汉字篇

差不多在五十年前，我还是一个乡村少年，我们村有一首歌，未成曲调，它是这样唱的：

一点一横长，
一撇到西洋，
两个小木匠，
坐在石头上。

这首歌我也会唱。在我唱这首歌的时候，我的手里会有一根树枝。在歌曲的结尾，奇迹如期而至，一个汉字出现在了大地上。它是“磨”。等我们有了地理知识，我们完全有理由把“磨”这个汉字理解成欧亚大陆，在太平洋和大西洋之间，不知其几千里也。“怒而飞，其翼若垂天之云。”

这首歌是谁写的呢？我不知道，也许是一个乡村的秀才。老实说，这首歌不怎么样。但是，这首歌提醒了我们一件事，每一个字其实都是一个小宇宙，每一个字都是一个完整的世界。

——毕飞宇

汉字的源头

仓颉造字

汉字有着漫长的发展历史，它的源头究竟在哪里呢？传说汉字是一位圣人创造的。他名叫仓颉，是黄帝时候的史官。

东汉学者许慎在中国的第一部字典《说文解字》当中，将本来挺抽象的仓颉造字演绎得生动有趣。他说，仓颉看见了鸟、野兽的足迹，通过细心观察琢磨出鸟兽的纹理各有特点，由此创造了文字。因为借助文字可以对事物加以分别，所以各行各业得到了妥善治理，万事万物也从此得以辨明。

传说仓颉创造出文字的刹那，“天雨粟，鬼夜哭”。那是一个月黑风高的晚上，忽然只听见天崩地裂一声巨响，天空哗啦啦下起大雨来，不过落下的不是水滴，而是一粒粒金黄的谷子；同时，四面八方还传来了呜呜的哭泣声，原来是鬼怪们在伤心地哀嚎。为什么会有这样惊心动魄的效果呢？因为一旦文字被创造出来，知识的传播就更加便利，生产技术自然也会得到更为有效的积累和推广，所以用“天雨粟”来形容文字对于生产的贡献。至于“鬼夜哭”，是说人们有了知识，便逐渐从愚昧懵懂走向开明智慧，不再受鬼怪愚弄操控了。这六个字形象地传达出了文字诞生带来的那种震天动地的影响。

陕西白水的仓颉庙中有人们为这位文字始祖塑的像。这座塑像居然长着四只眼睛，史书上也说仓颉是“四目重瞳”。重瞳就是一只眼睛里有两个瞳孔。在现代，医生会说是瞳孔发生粘连畸变，属于白内障。可是古时候非常了不起的人才配具有这一特征。据史书记载，重瞳的只有晋文公重耳、西楚霸王项羽、南唐后主李煜等不超过十个人。四只眼睛，八个瞳孔，这当然是对仓颉的神化，是为了强调他具有异乎寻常的观察力。观察力属于抽象的智慧，要想在人的相貌上具体表现出来，只能在眼睛上做文章，因此仓颉就被刻画为“四目重瞳”了。

仓颉造字当然只是一个神话。汉字不大可能是由一个人在一个特定时间创造出来的。《易经》对于文字的产生是这样说的：“上古结绳而治，后世圣人易之以书契。”书契就是文字。不说仓颉，而说“后世圣人”，不说创造，只说调换，真是谨慎。鲁迅先生在《门外文谈》中说得更清楚：“在社会里，仓颉也不止一个，有的在刀柄上刻一点图，有的在门户上画一些画，心心相印，口口相传，文字就多起来，史官一采集，便可以敷衍记事了。”文字是人们在漫长的劳动生产过程中共同创造的，仓颉或许只是功劳较大的整理加工者，在他身后还有千万个无名的创造者。

甲骨惊现

清光绪二十五年（1899年），一位重要官员王懿荣患病在家休养。医生开的药方里有一味叫“龙骨”的药。仆人从药铺买回一些骨头残片，王懿荣出于好奇随手拿了几片端详，他突然发现：咦，这些残片上怎么会刻画着奇特的符号呢？要知道，王懿荣可是一位学者型官员，他的职位是国子监祭酒。他在金石文字学方面有着深厚的造诣。出于职业的敏感，他意识到这些龙骨大有名堂，于是放出风声，要高价收购刻有特殊图案的龟甲和兽骨。

这个故事还有另外一个版本。山东潍坊一位叫范维清的古董商人到河南去收购青铜器，顺便把当地人从地里掘出的十来片刻有符号的甲骨也给买下了。范维清将这些奇特的龟甲和牛肩胛骨带到京师，并经药铺的人引荐，请王懿荣加以鉴定。

故事究竟是哪个版本并不重要，重要的是王懿荣对这些刻在龟甲兽骨上的图案作出了判断。他出于直觉认为，这些看上去整齐优美的符号应该是一种自成体系的文字，其中有一些符号跟当时的汉字还有着紧密的联系，比如日（）、月（）、雨（）、门（）、犬（）等等。这些字不需要学富五车的专家，小孩子也能连蒙带猜地认出来。但是其中还有一些符号很难辨认，王懿荣决定对它们进行深入的研究。他以每个字二两纹银

的高价，在不到一年的时间内收购了一千五百多片甲骨。通过对这些符号进行细致的考据，王懿荣提出：这些甲骨是商代人用于占卜的，甲骨上的文字早于先秦时代青铜器上的金文。

这番判断对于整个中国文明史具有非同寻常的意义。在甲骨文被发现之前，中国最古老的文字刻在青铜器上，它们产生于大约三千年前。再往前，历史中便没有文字的踪迹。所谓“信史”必须是有文字记录的历史，所以尽管司马迁在《史记》里描述过商王朝，我们中国人也都毫不犹豫地相信这段历史存在，但直到甲骨文被发现之时，国际学术界的很多人都认为商不过是神话里的王朝。

就在王懿荣决心要将甲骨文研究深入推进时，中国发生了一场巨变。八国联军入侵北京，慈禧太后带着光绪皇帝仓皇出逃。王懿荣受命于危难之间。这位俯首书案的学者承担起保卫京城的职责，并在城破之日，带着家眷从容地投井殉国。

王懿荣被后人称作“甲骨文之父”，因为在他发现并高价收购甲骨之前，许许多多刻在龟甲和兽骨上的商代史料被磨成粉，当作药，吃进了人们的肚子里。这就是所谓的“人吞商史”。可惜天不假年，如果没有这场国难，如果王懿荣不是这么早逝去，那么关于神秘的甲骨文，他也许还能告诉后人更多。

汉字的形成

象 形

甲骨文最早出现于商代晚期，是目前我们所知道的中国最为古老的系统文字。三千多年以前，商代人拿出一片龟的腹甲或是一块牛的肩胛骨，用想象力在上面刻画出文字。奇妙的是，相隔了这么久，今天我们仍然能不太困难地识别出其中的一部分。原因很简单，他们的造字是从象形开始的。

商代人有一双敏锐的眼睛和一颗聪慧的心，他们细致地观察自然和社会生活的千姿百态，用画画的方式将这个世界记录下来。“山”（）是连绵起伏的群峰，“水”（）是从崎岖峭壁上飞溅出的几滴山泉，“火”（）是三团腾腾的热焰。“木”（）是一根笔直的树干，上面分叉表示树枝，下面分叉表示树根。“花”

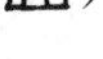

的本字是“华”（），在甲骨文中它也是一幅动人的画：一棵大树，花开满枝，一派热闹繁华的春天景象。

要表示鸟兽虫鱼，自然麻烦些，但有的是时间，就一个个画出来。这是一匹奔驰的骏马（），它长脸大眼、鬃毛飞扬，长长的尾巴和健硕的蹄子似乎昭示着它是一名长跑健将。与“马”相比，“牛”的写法要简单很多（），它突出了牛的两个特征：一是V字形的牛鼻，二是一对尖角。发明“牛”这个字的人真是位简笔画大师。还有“象”（），最大的特点当然是它的长鼻子了。

社会生活中的场景也难不倒造字的人。这是一个“人”（），他侧身向着我们，垂臂弯腰，可能是在地里劳动。人刚生下来的时候，裹在襁褓里，只露出一个脑袋和两只手臂，这就是“子”字（）。小人儿长大了，不但双臂双腿可以自由伸展，而且一副顶天立地的模样，这就是“大”字（）。大人出门，经过一个四通八达的十字路口，就是“行”字（）。那里熙熙攘攘，有两个人发生了争执，以致拳脚相向，就是“斗”字（）。你瞧，这一左一右两个人扭打在一起，多么形象。

象形是一种诉诸视觉的表达方式。我们目前接触到的外国文字绝大多数是诉诸听觉的，叫拼音文字。古埃及的文字乍看起来跟我们的甲骨文很像，比方说有很写实的鸟和蛇，但事实上它们跟翱翔在尼罗河上空的禽类，或藏在草丛里的爬行动物没有一丁点关系，只代表某种读音。

放弃跟具体形象的纠缠，转向使用拼音文字，这条路径肯定简单很多，但中国人不愿意放弃文字的图画审美价值。我们来看这个字(),一个略微臃肿的身体,挺着隆起的腹部,里面已经住着一个可爱的小人儿,这是甲骨文“孕”字。几乎在看到这个字的刹那,人们便能联想起怀孕的情景。孩子诞生之后,母亲就要承担起哺育的职责。你瞧,她屈膝坐着,温柔地抱着自己的孩子。小家伙大概是饿坏了,张大嘴巴嗷嗷待哺。而母亲胸部有一个小小的横杠,那是乳房,那里的产品绝对比配方奶粉更有营养。这就是甲骨文“乳”字(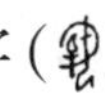),它岂止是个符号,更是对母爱最美的记录。

甲骨文中的很多字都是凭借细腻观察和惊人想象创造出来的,它们像一幅幅动人的图画,值得用画框镶起来慢慢地观赏。

指 事

造字这项创举是从象形开始的,商代人用类似于画画的方式将他们眼中的世界生动形象地表现出来。比如说,有人从树上采了一个果子吃,这个“果”字该怎么写呢?那个人认真打量了一番面前的果树:高高的树干,弯曲的树枝,枝头挂满累累果实。他心中立刻浮现出“果”的样子,那就是一棵结满球形果实的树。人们就这样造出了“果”字(),又以同样的方法造出了破土萌发的“草”()、枝叶披离的“竹”()、穗子下垂的“禾”()。

造字的人有着了不起的观察力和想象力,可问题很快就来了,他们发现这个缤纷多彩的世界难以全部用画画的方式去摹写。许多抽象的概念很难用具体的形象去表达。人们或许可以轻轻松松地造出“果”字,可当他们美滋滋地吃完果子,想把果子的那种甘甜清爽的口感传达给同伴时就犯难了，这种抽象的味觉该怎么画？我们的祖先绞尽脑汁，终于想出了一个法子。“甘”是舌头上产生的一种感觉，那就先画个舌头，在上面再画上一个小横杠，代表舌头上甜丝丝的感觉（）。

我们现在管这个小横杠叫指事符号，它有的时候还会变成一个圆点，或是一个圈。这个符号的发明和应用真是了不起，有了它，文字就可以表达抽象的概念了。作家唐诺在《文字的故事》中这样形容这个小横杠，说它“就像电脑荧光屏上出现的游标一样，应我们目光的焦点不同跑来跑去，灵活得很”。比方说，这是甲骨文“大”字（），它就像一个张开了双臂双腿、顶天立地的人。这时候小游标跑到了这个人的脚底下，代表着坚实的地面，人站在地上，就构成了“立”字（）。小游标继续上移，停留在这个人的头部，这时候它摇身一变成为一根发簪，这是“夫”字（）。古时候男人留长发，不是为了赶时髦装文艺，而是因为他们相信头发是父母给的，不能随便剪掉。到了成年，也就是成为夫的时候，要把头发束起来，用发簪固定。小游标继续上移，一直跳到这个人的头顶，并且变成了一个圈，这就是“天”字（）。天空无形可象，怎么造呢？古人就在人的头顶上画个圈，表示头顶上的那片广袤空间，我们不也常说“同顶一片蓝天”吗！忽然，小游标又发生了变化，这次它干脆一分为二，跑到人的两腋下面去了，这就是“亦”字（），古时候这个字表示腋窝。后来它被借走表示又、也的意思，就用“腋”来代替“亦”了。

在象形字上增加小横杠、圆圈、小点这样的指事符号就构成了指事字。除此之外，还有一种用纯抽象的符号来表现的指事字，比如一、二、三、上、下等等。在甲骨文中，指事字是最稀少的字种，但它一样很有趣。

会意

我们的祖先最初造字的时候是将生活的世界一笔一画地摹写下来的，于是便有了山、水、火、木、人等等，我们管这些“画”出来的字叫象形字。对于那些不大容易用具体图画来表现的对象，比如上、下、天、立、亦等等，古人发明了指事符号，一点、一横、一个圈，聪明地将它们表达出来。造字的人拼了命，却沮丧地发现这些文字远远不足以表现这个丰富多彩、充满差异的世界。于是他们又想出一个新的方法，那就是将两个或两个以上的独体字根据意思组合起来，成为一个新的字。通过排列组合可以不费太大气力地造出许许多多新的字来，这样的造字法叫“会意”。

我们不妨从一件容器开始，梳理一下这几种造字方法。这是一件青铜器皿，甲骨文“皿”()就像个敞口无盖的高脚盛器，它是个象形字。如果在这个字上加一个作为指事符号的圈，是什么字呢？这个圈代表一滴血，古人在祭祀的时候会杀掉牲畜，将它的鲜血注入器皿中，这就是“血”字()。仍然是这件器皿，开口的地方加上一个“水”字，表示容器里的水太多了，多得溢出来，这样就构成了会意字“益”()，这个字在古时候和“溢”字是相通的。再来看看这只手，它还有另外一个名字，“爪”()。

它为什么要伸进器皿当中呢？因为古时候没有带自来水龙头的洗手池，要洗手就得把手伸进装水的器皿中。这个字就是“盥”()，是一个会意字。

可不要小看了这些会意字，它们就像一把把钥匙，让我们可以打开历史的大门，洞悉古代社会。比如这个字(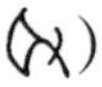)，它的左边是一只耳朵()，右边代表一只手()，用手抓住耳朵，这是什么字呢？你可能会说是“揪”，其实它是“取”字。那只手之所以抓住耳朵，是要把它割掉。古代人打猎之后要将猎物左边那只耳朵割下，以此来评定成绩。你割了三只野猪耳朵，我割了五只，那我就赢了。《周礼》当中有这样一句：“大兽公之，小禽私之，获者取左耳。”就是说，捕获大的禽兽交给公家，捕获小的禽兽归自己私有，只是别忘了把野兽的左耳朵割下来。你看一下“取”字，直到现在耳朵还是放在左边，因为割的是左耳，而代表手的这个“又”则在右边。古人不但割动物的耳朵，连人的耳朵也要割。原来每次打完仗，要根据士兵杀敌的数量来发奖金。可这杀敌数量不好统计，总不能让士兵把敌人的尸体都背在身上吧！那就割下敌人的左耳，拿回去一数耳朵就知道该拿多少钱，这大概是最早的“计件工资”了。“取”这个字就包含着一段残酷的战争史。

甲骨文中还有一些充满诗意的会意字，比如“明”。在甲骨文中，“明”字有一种写法是这样的：左边是一轮弯弯的明月，右边是一扇镂空的窗户(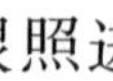)。夜晚，皎洁的月光透过窗棂照进屋里，那是古人对“明”字最浪漫的解读。三千多年后，我们仍然

可以在读“一轮明月照窗棂”时与古人心心相印。

形　声

外国人上中国餐馆吃饭，常常会惊叹我们的菜单真厚，不像西餐菜单就薄薄几页。等他们在上百种菜式中点好之后，又惊异地发现这些菜肴居然在十分钟之内就端上桌了。这里头究竟有什么玄机呢？说穿了很简单，我们不妨分析一下中国菜的组合方式。比如：芹菜可以做成芹菜炒猪肉丝、芹菜炒牛肉丝、芹菜炒百叶；牛肉可以做成土豆牛肉、番茄牛肉、芝麻牛肉。中国菜的魅力之一在于：用有限的食材经过各种搭配，创造出丰富的菜式。

中国人将这种模件组合方式不仅用在做菜上，还用在造字当中。三千多年前商代的甲骨文中就有用组合法造出来的字，其中有一种叫会意字，就是将两个或两个以上的独体字根据意思组合起来，成为一个新的字。

除了会意之外，还有一种组合造字方式：形声。形声字包含两个部分：一个代表意义和属性，叫“意符”；另一个代表发音，叫“声符”。比如说甲骨文“问”字(𠳵)。就一件事情询问别人，自然得用嘴巴，所以“口”是它的意符，而“门”则是声符。形声字是一个伟大的发明，正如唐诺在《文字的故事》一书中所说：“有了形声字，那些一个个捶打、订制似的会意字和指事字便告一段落了，就像工厂生产线取代了手工业一般，造字的人也就从专业技艺工匠乃至于充满想象力的艺术家，一变而成生产线旁依操作手册装配的高效率女工。”从此之后，每当有一个新事物、新概念需要用新的文字来表达的时候，造字的人就再也不用绞尽脑汁了，他只需要快速判断出这个新事物、新概念的基本属性就行了。跟水有关的，像江、河、湖、洋就加三点水；跟女人有关的，像娥、媚、姑、娘，就用女字旁。再根据它的发音，在已有的文字中找一个同音或发音相似的填进去，一个新的字就造出来了。这真是个聪明又省力的法子，声音和图像这两个系统终于找到机会合二为一，彼此支援了。

在形声字中，有些时候声符不仅仅代表发音，也有含义，比如甲骨文“婪”字（），造这个字的人很可能是女性。古时候没有一夫一妻制，男人常常妻妾成群，于是有人想造个字来表现古代男人在两性关系中这种“多多益善”的心态。“女”是意符，男人想多拥有女人；“林”的古音与“婪”相似，就作为声符。不仅如此，“林”本身也有数量众多的意思。贪婪的男人希望自己拥有的女人像树林里的树一样多。

假借

用东南西北来作为四个基本方向，是一种相当普遍的方位标示法，但它们并没有实体，完全是人类的发明。就连东、南、西、北这四个字原本也和方向没有任何关系。

“东”的篆文是这样写的（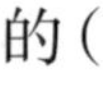）：一轮红日（）爬到了大树，即木（）的中部。传说东海之外有名叫“扶桑”的大树，每天清晨太阳顺着扶桑树的树干往上爬，照亮世界。因为有了这个神话，

人们便相信“东”字表示太阳升到了树木的中部，指东方。这个神话虽然美，可惜并非事实。一直到清朝末年甲骨文出土之后，真相方才大白。甲骨文“东”字()就像一只袋子，两端扎得紧紧的，防止东西掉出来。它和甲骨文当中另一个字“橐”()长得很像，“橐”是口袋的意思，它和“东”唯一的区别是没有交错纵横的编织图案。

“东”原来是一只鼓囊囊的大口袋，那么甲骨文“南”字()呢？它是一件乐器。下半部分是陶制的钟或铃铛()，上面是打了结的绳子，用来悬挂乐器()。商代贵族的娱乐生活非常丰富，管乐、弦乐、歌舞表演样样俱全。据专家推测，这种叫“南”的乐器很可能是商都以南特有的，或者在演奏的时候习惯放在南面，所以后来就渐渐用来表示南方了。

甲骨文“西”字()像是一个用竹藤编的篮子，也有人说，这不是篮子，而是鸟筑的巢。仔细看看倒也有点像，再说鸟巢不也多是草木枝条编织成的吗？在树林里，鸟巢并不是均匀分布的，西边通常会集中一些。因为鸟大多不具备夜视能力，天一黑，视线就模糊了。如果把鸟巢筑在西边，那么当太阳西下的时候，可以借着落日的余晖找到自己的家门。你不得不佩服先民的观察力，他们长期在野外生活，积累了丰富的自然知识，所以西边就是鸟巢那边。

再说甲骨文“北”字()。古代人打了败仗，会用一个词叫“败北”。打输了和北方有什么关系呢？没有关系。“北”字原来指的不是方向，而是一种姿势。你看看字形就明白了，这是两个

人背靠着背。所以“北”就是背的意思。两军对垒自然是面对面的，要是打不过怎么办呢？跑呗。背对敌人撒腿狂奔，这就叫“败北”。

说到这儿你明白了吧，在很久很久以前，“东”是只袋子，“西”是个篮子，“南”是件乐器，“北”意思是背靠背。后来人们把它们借去表示方位，这一借就借了几千年，而且赖皮不还了。被“野蛮绑架”的汉字还有很多，比如：“来”（）原本是株摇曳的麦苗，“万”（）是只恶毒的蝎子，“而”（）是一副茂密的长胡子。它们被借去的年月实在太久了，久得人们已经忘记它们本来的意思了。我们管这种对汉字的“野蛮绑架”叫“假借”。

假借可不是古人特有的做法。比如“囧”是网络上的流行符号，可以表示郁闷、悲伤、无奈等情绪。然而它在甲骨文中是一扇窗户（），表示明亮。“囧”的原义我们早就遗忘，却在不经意间穿越时空的隧道，将它“绑架”到了流行语言中，让它再次生机勃勃。

汉字的美意

日月山川

日

王安石是北宋时期著名的政治家、文学家，他有一位好友吕惠卿，两人常常在一起谈论政事、切磋诗文。有一天，王安石跟吕惠卿说，昨晚他睡不着，漫漫长夜，无心睡眠，就做了一个字谜，请吕惠卿猜猜是什么字：“画时圆，写时方，冬时短，夏时长。”吕惠卿立马就知道答案了，可他绕了个弯子，说他也有个字谜，谜底跟王安石的相同：“东海有一鱼，无头又无尾，更除脊梁骨，便是这个谜。”这两个字谜的谜底都是“日”，代表太阳。

王安石说“日”“画时圆，写时方”，画个太阳当然是圆形的，可为什么写起来是方形的呢？这是甲骨文“日”()，确切地说

是个准圆形，有的时候也写成菱形（）。甲骨文是用刀刻在坚硬的龟甲和兽骨上的，笔画很难刻得圆转，所以看上去是方的。“日”字的中间有个小短横，这又是什么呢？据说，古人很早就发现了太阳黑子的存在，可又不知道它是什么，于是发挥浪漫的想象，说太阳里住着一只乌鸦，它是一只神鸟，跟一般的乌鸦不一样，有三只脚，所以叫“三足乌”（图1-1）。传说后羿用弓箭射下了九个太阳，射中了太阳里头有三只脚的乌鸦，乌鸦死了，太阳也就掉下来了。在汉代的画像石、画像砖上经常能够看到三足乌图案，而“日”字当中一小横就是这只神鸟的象征。

这个字（）有点奇怪，“日”字下面多了一个小方框。这个小方框是什么呢？这个字也许是大海之滨的人造出来的。某个清晨，他在海边看到了日出的壮丽景象，只见一轮红日从广阔的海面冉冉升起，灿烂的阳光将海水映照成了金黄色。太阳跳出海面的瞬间美得令人窒息，于是他造出了这个代表早晨的字“旦”。这个小方框象征着海面，篆文则将小方框简化成了一横，这一横可以看成海平面也可以当作地平线。一个人指天对日地发誓，我们会说他“信誓旦旦”。这并不是说他天天都在发誓，而是说他发誓时的神情非常诚恳，就像清晨升起的太阳，毫无隐藏。

图1-1　汉代画像砖上的三足乌形象

“旦”描绘了日出时的情

形，那日落又是怎样一副光景呢？一片苍莽的草丛，黄昏来临，太阳隐没到了草丛当中，这是甲骨文“莫”字（）。“莫”的本义是“暮”，表示日落的时候。古时候没有电，夜间照明很不方便，摸黑能干的事实在不多。所以天一黑，人们就会说，不要干活了，不要出门了，不要玩了。从这个意义上说，“莫”字逐渐引申出了不要、不能这些否定的意思。当“莫”的本义消失之后，人们只好在它下面再加上一个“日”来表示太阳落山，这就是“暮”字。

有个神话，说在东方有神树扶桑，每天太阳从扶桑树上升起。如果我们将代表太阳的“日”和代表扶桑树的“木”作为模件，就可以组合出不同的会意字来：太阳刚刚升起爬上树梢就是“东”的繁体字“東”，东方是太阳升起的地方，在清末甲骨文出土以前，人们都是这样认为的；太阳越升越高，终于爬到树顶，就是“杲”，表示灿烂光明；夜幕降临，太阳缓缓地落到树底下去了，这就是“杳”，表示幽暗。从旭日东升到夕阳西下，東、杲、杳这三个汉字为我们形象地描绘了日复一日出现的美好景象。

月

对于中国古时候的文人而言，生活中有两样东西是必不可少的，一是头顶的那轮明月，二是杯中的那口美酒。幸好有这两样东西，不然我们的古代文明中不知会少多少诗词美文。在酒精的催发下，仰望明月更是了不得的浪漫之举，李白有“举杯邀明月，对影成三人”的潇洒，苏轼有“明月几时有，把酒问青天”的豪迈。下面我们就来说说头顶的这轮明月。

“月”和“日”一样是象形字。甲骨文“月”()是两头尖中间略圆的一弯皓月。古人观察自然十分仔细，他们注意到月亮圆的时候少，缺的时候多，所以不画满月，而画弯月。1969年宇航员阿姆斯特朗登月，这是人类的双脚首次踏上月球。不过在此之前几千年，中国人早就用想象力把嫦娥、吴刚、玉兔和桂树统统送到月亮上去了。你看，有男有女，有动物有植物，想得很是周到。这些传说里的人和物在甲骨文的“月”字中，用中间的一笔就全部涵括了。

有一首流行歌曲不是唱“月亮的脸偷偷地在改变”吗？用古人的话说，那叫“月有阴晴圆缺”。他们观察到月亮有四种不同的相，分别是：朔、弦、望、晦；然后根据月亮的变化制定历法，就是我们今天说的阴历，又叫汉历、旧历、夏历。阴历每月初一是“朔”，这一天看不到月亮；然后月亮慢慢出来，到了初七初八月儿半圆，形状跟带弦的弓似的，称为“上弦”；月亮越来越圆，到了十五那天圆得像个银盘，称为“望”；之后月亮慢慢变小，到了廿二廿三又变成半圆形，就是“下弦”；而到了月底，只剩下一点点残月，几乎看不见了，所以叫“晦”。“晦”是昏暗不明的意思。

朔日，也就是每月初一这天，天上是没有月亮的，为什么呢？这一天月球运行到地球和太阳之间，和太阳同时出没，我们当然就看不见它了。《说文解字》中这样解释“朔”：“朔，月一日始苏也。”“苏”是苏醒的意思，从月亮的运行来看，这一天虽然看不到明月，但从第二天开始，新月就要慢慢出现了，所以朔日象征着月亮的苏醒;"苏"也有开始的意思,朔日是初一,是一个月的开端,自然要有些庄重的新气象,所以古时候朔日非常重要,许多祭祀典礼都在这一天举行。我们来看看"朔"字的结构,右边是"月",说明这个字与月亮有关,左边是什么字呢?这个字念nì,跟今天的"逆"是同一个字。"朔"与"逆"之间有什么联系呢?作家流沙河给出的解释很有趣,他说从朔日往后月亮渐渐复明,明亮的区域逐渐扩大,直到十五那天成为满月。月亮的复明是从底部,也就是脚的位置开始的。婴儿出生的时候如果是顺产,肯定是头先出来,可新月诞生是脚先露出来,所以是"逆"。而"朔"就是月亮逆生的起点。

传统历法阴历既考虑到了地球绕太阳的周期,同时又根据月亮运行的周期来设定月份。告诉你今天是几号,你就能想象出月亮的形状,同样抬头看看月亮,也能大致推算出日子。然而我们现在常用的公历,属于太阳历,仅仅依据地球绕太阳公转的周期制定。公历中虽然也有"月"的概念,但跟头顶的那轮明月没什么关系。

山

有一项运动,从古至今,无论东西,都拥有众多爱好者,那就是登山。孔子酷爱登山,"登东山而小鲁,登泰山而小天下"。翻开中国任何一位古人的文集,几乎都有关于登山的诗词文章。现代人更不用说了,挑战珠穆朗玛峰的探险活动从来没有停止过。

“山”是个象形字。古人造字的时候懂得概括，下面的一横是地平线，上面画了三座山（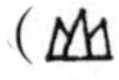）。“三”是个特别的数字，老子说：“一生二，二生三，三生万物。”三往往不是真的指三个，而是代表很多，像一波三折、火冒三丈、三思而后行，其中“三”都表示多。画三座山必然表示大山，那如果画两座山是什么意思？不是指数量，而是代表小山，也就是丘陵，它是甲骨文“丘”字（）。山的大小不太好画，就用数量的多少代表体积的大小，这也是古人的聪明之处。如果在山上加一个丘，就变成“岳”字。甲骨文“岳”字（）很有趣，是高山之上再叠高山，表示崇山峻岭，在山腰还画了一棵小草，那应该是山上的植被。

人为什么要登山呢？对于这个问题，中西方人或许会给出不同的答案。1924年《纽约时报》采访了英国登山家乔治·马洛里。记者问他：“你为什么要攀登珠穆朗玛峰？”马洛里回答道：“因为山在那里。”这句话后来成了一句名言，激励着无数登山者去追寻自己的梦想，去征服高山。马洛里毕业于剑桥大学，在一所著名的公学当老师，他有一位美丽的妻子和三个可爱的孩子，本可以过着幸福平静的生活，但他无法抵挡征服珠峰的诱惑，他渴望成为第一个攀上这座巅峰的人。在登山之前，有位喇嘛警告他说，神会挖出他的心，献给这座凡人从来不敢登顶的雪白山峰。你要知道那是1924年，登山装备非常简陋，氧气装置也很不可靠，可马洛里还是出发了。最后，他用自己的命运印证了喇嘛不祥的预言。他在登山的途中不幸丧生，直到1999年他的遗体才被一支美国探险队找到，而他是否登上过山顶，却成为永远的谜。

在马洛里的身上我们看到的是一种渴望征服、挑战和超越自我的激情。对他来说，登山是英雄的光辉梦想，而对这一点中国的古人恐怕很难认同，我们会说“仁者乐山”，而不是“勇者乐山”。山在马洛里这样的登山家眼中是等待征服的对手，而在中国文人的眼中，它却是朋友。诗人李白是一位登山爱好者，他说自己“五岳寻仙不辞远，一生好入名山游”。他去过庐山、峨眉山、岘山、终南山，甚至梦游还去了一趟“势拔五岳掩赤城”的天姥山。李白和山川之间的深情就像他在《独坐敬亭山》中所写：“众鸟高飞尽，孤云独自闲。相看两不厌，只有敬亭山。”人与山不是征服与被征服的关系，而是两两相望的知己，彼此欣赏。辛弃疾的词里也有类似的表白：“我见青山多妩媚，料青山见我应如是。”你见我好，我见你妙，人与山和谐而融洽。

在我们的文化里，同样有对登顶的渴望。泰山顶有这样一副楹联：“地到无边天作界，山登绝顶我为峰。”我们登山，心中却怀着敬畏、谦卑和感激。登临绝顶，不是我们征服了山，而是山成全了我们。

川

《论语》中有一句话特别有诗意：“子在川上曰：‘逝者如斯夫，不舍昼夜。’”孔子站在河边仰观俯察，发出感慨：时光啊时光，就仿佛这流动的水，日夜不停，一去不复返。“川”是在千山万壑间贯穿流通的水，在甲骨文中它的字形和“水”字的一种写法十分相似。“水”字（）中间的一笔拉通，象征湍急的主流，左右的侧流要缓些，用断开的三笔表示。“川”字（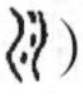）的结构与“水”字相反，一左一右两条曲线（）代表岩壁耸立的两岸，中间的虚线（）则象征湍急的水流。楷书“川”字只有简单的三笔，但我们要知道左右两笔是河岸，中间的一笔才是河水。

中国西南部有个省份名叫“四川”，有人望文生义，认为四川是四条河流——长江、闽江、嘉陵江、大渡河——的流经之地，其实不然。长江三峡，古称“川峡”。北宋咸平四年（1001年），川峡路分为益州路、梓州路、利州路、夔州路，合称为“川峡四路”，简称“四川”。

原来四川的“川”不是水而是行政区，我们有时会把行政区称作“州”，比如柳州、杭州、苏州，还有少数民族的自治州。可是“州”的本义并非行政区，而是指水中可以居住的陆地。这是甲骨文“州”字（），它在“川”字（）的中间加上了一个小圈，这个小圈代表河川中央的小岛。后来“州”被借走表示行政区，才又造出了“洲”作为替代。

古人为治理水患费了很大劲，他们意识到水道只能疏通，不可堵塞，因为“川壅而溃，伤人必多”，一旦堵塞，水位必然抬高，抬得过高，冲破堤岸，会给百姓造成巨大的灾难。“灾”这个字颇能反映不同时代的人对灾难的不同看法。楷书“灾”上面是代表房屋的“宀”，下面是“火”，一看便知是房屋失火的意思；“灾”的异体字“巛”，上面是“川”，下面是“火”，水灾、火灾都包括进去了。再来看甲骨文“灾”字（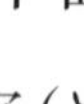），它在“川”字（）的

中间加上了一个截断的符号，象征川流阻塞。可见在商代人看来，“灾”字首先指的是水患，大火蔓延不过烧掉几间屋舍，洪水泛滥却能淹没整个村庄，要厉害得多。

只有疏导得当，让水自在地流淌，百姓才能过上顺心的日子。“顺”字左边为“川”，右边是“页”。“页”的本义并非书页纸张，而是指人的头部，最早读xié。很多以“页”为部首的字都跟脑袋有关，像颈、领、颊、项、顶、颅等等。“顺”字从川从页，清代文字学家段玉裁解释道：“人自顶以至于踵，顺之至也。川之流，顺之至也。”也就是说，一个人头在上脚在下，从头到脚很顺；百川奔腾，终归大海，同样是顺势而为的。因此造字的人用“川”“页”二字以会意的方法组成了“顺”。

人生在世总有不顺，遇到逆境该怎么办呢？一个不错的对策是：逆来顺受。有人认为逆来顺受是懦弱无用，其实不然。“逆来”是客观环境的考验，“顺受”是自我心境的调适。逆境来袭，你若生出怨怼不满的叛逆情绪，既无法改变现状，还会伤到自己。不如转变心态，使心胸如大川般广阔，心境如水流般平顺，在逆境中生出喜乐来。

四季流转

春

一年之计在于春，春天是个美妙的季节，阳光和煦、草木萌动、万物复苏。古人在设计“春”字的时候，就充分考虑到这个季节的典型特征，把它们融入字形当中。

甲骨文中“春”字有好几种写法，我们来看看比较常见的一种()：它由左右两部分组成。左边上下各有一棵小草，中间是一轮冉冉升起的太阳。这简直是一幅生动的图画，朱自清先生的散文《春》当中有一段话可以当作对它最好的诠释：“太阳的脸红起来了。小草偷偷地从土里钻出来，嫩嫩的，绿绿的。园子里，田野里，瞧去，一大片一大片满是的。坐着，躺着，打两个滚，踢几脚球，赛几趟跑，捉几回迷藏。”散文家用一大段文字表达的诗意，造字的先民只用寥寥几笔就刻画出来了。再来看“春”字的右半边，这个可爱的小东西是什么呢？它是一颗饱满的种子，下面的根牢牢扎在土里，上面冒出芽，正锐气腾腾地往上生长。这是甲骨文“屯”字()，意思是柔嫩的幼芽奋力穿过坚硬的土层长出来，引申为艰难之义。“屯”同时也表音，“春”与“屯”读音接近。了解“春”字的结构之后，就会知道这是个相当正能量的字，它告诉我们：哪怕只是棵无人知道的小草，看起来很柔弱，只要默默在地下蓄积能量，努力向上，终有一天能够破土而出，迎来属于自己的那道灿烂阳光。你看我们的先民多有智慧，他们意识到柔弱和强大是辩证统一的。真正有力量的事物从不畏惧最初的艰难，越难越能激发出旺盛的活力。到了楷书当中，“春”字发生了比较大的变化，“草”和“屯”整合构成上半部，只有下面的“日”还在。这一改，笔画是简单了，可惜意思也看不出来了。

说到“春”，我们就不能不提另一个字——“蠢”。有人说：这个字不是愚笨、痴呆的意思吗？这真冤枉了“蠢”字，人家本来一点都不傻，不但不傻还很聪明。许慎在《说文解字》中这样解释“蠢”字：“蠢，虫动也。”其实看看这个字的字形就明白了：上面是“春”，下面是两只小虫子，春天来了，天气暖和了，蛰伏了一个冬天的虫子在温润的土壤中苏醒过来，快乐地扭动着身体，这就是“蠢”字原来的意思。小虫子懂得享受大好春光，哪里笨？不是聪明得很吗？在传统的二十四节气中有一个恰好可以用来解释“蠢”字，就是惊蛰。“蛰”是藏的意思，到了春天，天气回暖，春雷始鸣，轰隆隆的声音惊醒了藏在地下冬眠的虫子。惊蛰一到，大部分地区就开始春耕了。唐代诗人韦应物的诗里说：“微雨众卉新，一雷惊蛰始。田家几日闲，耕种从此起。”可见小虫子一旦蠢蠢欲动，人就要忙活开了。

这个生机盎然的“蠢”字怎么会和愚笨沾上边呢？有人揣测是因为“蠢”字还有一种写法：上面“春”下面“心”（惷）。这个“惷”字跟“憃”字长得太像了，简直是双胞胎。“憃”是什么意思呢？愚笨。所以一来二去，把“蠢”也给连累了。这种揣测且备一说。人要像虫子一样或许是愚笨的，但感受到春天的信号并随着舞动的虫子绝对是“蠢”而不笨的。

夏

我们从小就知道一年有四个季节，春夏秋冬。这是古人根据长期的生产劳动经验和自然物候的变迁，对时间进行的合理划分。这样明确的划分是什么时候开始的呢？大概要到西周末年。也就是说，在商代和西周初年，历法中只有春秋两季，没有冬夏。一年分为两半：上半部分是春季，下半部分就是秋季了。这可能是因为当时的农事主要就两项，一是春种，二是秋收。我们向别人询问年龄，有一种很古雅的说法：“您春秋几何？”意思是“您几岁？”，谁也不会说“您夏冬几何？”。我国最早的编年体史书叫《春秋》，而不叫《夏冬》。将“春秋”作为岁月或者历史的代称就是源于商代的季节划分。

夏季出现得晚，“夏”这个字原本也和夏天没有什么关系。我们来看看金文“夏”字()。它是个象形字，像一个头身手足俱全的人：上面是个大脑袋，有头发，还有一张大大的脸；再往下看，这个人双手叉腰，两脚踩地，脚边还放着一些耕作用的农具。原来“夏”的本义是人，因为这个人仪表堂堂相当气派，所以又引申出大的意思来。我国最早的一部词典《尔雅》是这样解释“夏”字的：“夏，大也。”古代的学者调查方言的时候也发现，在秦晋之间，也就是现在的陕西、山西一带，人们常以“夏”称壮观巨大的东西。我们今天说高楼大厦，这“厦”字里头的“夏”就有大的意思。

那“夏”字又是怎么和季节产生联系的呢？我们说了，在商代一年只分为春秋两季，可后来随着历法不断改进，形成了四时划分。用什么字来表示四季中的第二个季节呢？古人就把表示大的“夏”字借用过来。世上有那么多字，为什么偏偏挑中它呢？有的学者说“夏，像人当暑燕居，手足表露之形”，意思是夏天天气酷热，人在自己家里一般穿得比较随便，光脚露背，四肢张开，你看看“夏”字的字形是不是很像一个四仰八叉乘凉的人呢？还有的学者说“夏”是大的意思，夏天很大。大在哪儿呢？“至此之时，物已长大，故以为名”，就是说夏天是个万物生长的季节。夏天有两个重要的节气，小满和大满，“满”是形容农作物灌浆乳熟、颗粒饱满的样子，这就是大。

除了代表季节之外，“夏”字还有一种很常见的用法。我们喜欢称自己是华夏子孙，这里“夏”用的是字的本义，也就是大的意思。许慎在《说文解字》中说：“夏，中国之人也。”许慎说的“中国”并不是今天意义上的中国，而是指古代黄河流域的中原地区，那里是汉民族的发源地。称自己的民族为“夏”，表示我们认为自己的民族很伟大。大禹的儿子启创立的王朝就叫“夏朝”。那么“华”呢？甲骨文“华”字()是一株开满鲜花的树，表示绚烂美丽。“华”字的本义在现代汉语中通常用“花”来表示。唐代学者孔颖达这样解释“华夏”，他说：“中国有礼仪之大，故称夏，有服章之美，谓之华。”因此“华夏”包含着中国人的自尊和自信：我们是像花儿一样美丽的民族，我们是大气磅礴的文明之邦。

秋

我平时喜欢翻字典，一次有位朋友拿了一个字(穐)来考我，他说：“这个字你认识吗？”我说：“认识啊，这是‘秋’的异体字。”他说：“我知道你认得这个字，可你能告诉我这‘穐’字的右边为什么有个‘龟’的繁体字(龜)呢？秋天和乌龟好像没什么关系吧。”这一下还真把我问倒了。回去一查字典才恍然大悟，原来“秋”字里藏着的这个东西最初不是一只乌龟，而是一只小虫。

这是甲骨文“秋”字()：头上有须，背上有翅，身上还有环节纹，这是什么虫子呢？蟋蟀。蟋蟀俗称蛐蛐，是典型的秋日昆虫。秋天一到，蟋蟀就开始鸣叫了，它的发音器官是背上的翅。蟋蟀的叫声很有意思，“qū qū”，好像是在呼唤秋天一样。蟋蟀在秋季特别活跃，老北京玩蟋蟀的人都知道斗蟋蟀最好的时候是白露、秋分和寒露这三个节气，叫“勇战三秋”。蟋蟀还有一个更加浪漫的名字，叫“促织”。古代没有服装专卖店，一家老小衣服的布料都得靠家庭主妇织出来。入秋之后，天气转凉，蟋蟀“qū qū”鸣叫，仿佛在提醒主妇们要抓紧时间织布做冬衣了，不然家里人会受冻。所以民间有“促织鸣，懒妇惊”的说法。蟋蟀是秋天的代表性昆虫，而甲骨文里的“秋”干脆是一只蟋蟀的造型。

那蟋蟀又怎么会变身为乌龟呢？其实仔细看看，乌龟怎么会有触须，又怎么会有背上的翅膀呢？可有人就是不仔细，糊里糊涂搞混了。再说，“龜”是个多音字，还有一个读音是qiū，汉朝时候西域有个国家就叫“龜兹”(龟兹)。造型跟蟋蟀相似，读音又是qiū，所以时间一长人们干脆将错就错。为了区别，人们在“龜”边上增加了一个禾字旁，创造了“穐”字来表示秋天。就这样，秋虫蟋蟀摇身变作了乌龟，不过“龜”在这个字里头不表示任何意思，仅仅是个声符。

不管意思是蟋蟀还是乌龟，“龜”的笔画都太多了，随着生产娱乐活动越来越丰富，先民也越来越繁忙，没几个人有耐心一笔一画地去画乌龟或者虫子了。于是他们开始思考：有没有更简明的方式来表现秋天呢？于是就造出了由“禾”“火”两个字组成的“秋”。“禾”字好理解，秋天是收获庄稼的时节，那么“火”呢？有人说“火”字源于古代焚田的习俗，就是说农民在收获五谷之后，会在收割完的田野里放火，把田里的虫子烧死。不过有人不同意，说这“火”不是地上烧的火，而是天上的星星。流沙河先生在《文字侦探》一书中指出：“此火乃是‘七月流火’之火，指大火星。大火星即古代东宫苍龙七宿中的心宿二，今为天蝎座阿尔法星。”这颗星有个特点就是又红又亮，很能吸引眼球。每年初秋，它会在黄昏时分准时出现在南边的天空，“先民观星以定季节，所以也用大火星表示秋”。焚田说增加了我们的农业知识，星宿说让我们更了解天象，可还有一种说法，未必可靠但非常富有诗意：我们不妨把“火”字看成秋天这个季节的色调——火红色。杜牧的“停车坐爱枫林晚，霜叶红于二月花”，还有毛泽东的“看万山红遍，层林尽染”都向我们透露了同样的信息：秋天是个似火的季节，是个美丽的季节。

冬

在四季划分出现之前，人们认为冬季是秋天的延续，不需要专门当作一个季节来对待。不过甲骨文里头倒是有“冬”字，那么它又是什么意思呢？

这是一个甲骨文“冬”字（），它是个象形字，就像一根长长的绳索，两端各打了一个结，表示终结、终了之义。有的甲骨文“冬”字会把实心的绳结写成空心的小圈（），但含义没什么区别。所以“冬”字的本义是终。出现四季划分之后，人们就琢磨，冬季是一年四季当中的最后一个，也就是终点、末了，干脆把带着绳结的“冬”字借用过来表示它吧。“冬”被借去表示一年当中的最后一个季节，而且一借不还了。那要表示末了的意思该怎么办呢？古人又在“冬”字左边加了一个绞丝旁，于是造出了形声字“终”。到了篆文中，人们用一横代替两个绳结，同时还增加了两个人字形组成的符号（），这是“冰”最古老的写法。在严寒的天气，地上的冰块会突起。加上冰块的“冬”字（）更加名副其实了。到了楷书里头，为了书写方便，就把篆文下面的冰块简写成两个点了。

这两块冰还可以作为部件构成一个和冬天密切相关的字——“寒”。这是金文中的“寒”字（）：屋檐底下站着一个面朝左边的人，这个人脚底下踩着两块冰，要不怎么说“寒打脚起”呢！这个人的周围有四把干草，古人没有空调地暖，就拿干草做成草褥子御寒。寒冷是一种感受，可古人偏偏能把这种感受用形象的画面表现出来。到了楷书里头，屋檐变成了宝盖头，四把干草简写作三横两竖，人变成了一撇一捺，而冰块就是“寒”字底下那两个点。

对于窝在空调房里的现代人来说，一年四季区别不大，反正都得工作。可古人不一样，春种夏长秋收，到了冬天该忙的都忙完了，就该悠悠闲闲地享受生活了。冬天最重要的节气是冬至，古人有“冬至大如年”的说法。这一天，皇帝要举行祭天大典，感谢上天一年来保佑他的子民五谷丰登、泰和安康，还请上天来年继续护佑他和他的子民。祭天大典结束之后皇帝和百官都放大假，大伙走家串户赠送礼品。民间这时候更热闹，百姓穿上五颜六色的新衣，置备各种时令果蔬，烹羊宰牛，包饺子煮馄饨，一片欢声笑语。

冬季还有数九的风俗，从冬至这一天开始往后数上九九八十一天，寒冷就消退了，所以我们常说“数九寒冬”。古人用什么方法数九呢？冬至当天，人们在宣纸上绘一段清瘦的梅枝，开满梅花，一共要画九九八十一片花瓣，不过是不染色的。然后从冬至这一天起，每过去一天就用红色的墨水涂红一片花瓣。等全部的花瓣都染红之后，寒冷就消退了，春暖花开的季节也就来了。用这样优雅的方法度过漫长的冬季，真是浪漫得叫人羡慕！

花草树木

花

我们说自己是中华民族的子孙，但是否了解“中华”二字的内涵呢？先来说“中”，我们的祖先相信他们生活的这片土地是普天之下的中心，他们创造的文明也是所有文明的中心，所以“中”字包含着无上的骄傲。而“华”呢？我们在前文讲过，它其实是“花”的本字，甲骨文“华”字（）就是一株开满鲜花的树，绚烂美丽。中国人为什么要以花自居呢？孔颖达在《春秋左传正义》中说，中国“有服章之美，谓之华”。也就是说，我们是一个懂得创造美、欣赏美、表现美的民族。

细心的人可能会问：树上开的花是“华”，那么草上开的花又该怎么表示呢？请看这个字（），一片丛生的小草上绽放着星星点点的小花，这是金文“荣”字。《尔雅》里说得很清楚：“木谓之华，草谓之荣。”木本植物开的花叫“华”，草本植物开的花叫“荣”。所以“荣华”最初的意思不是富贵荣耀，而是草木开花。一个人、一户人家得意显赫之时如同鲜花盛开，可惜“好花不常开”，“荣华”二字的本义时时刻刻点醒红尘中人：繁华者，繁花也，其开也绚丽，其败也迅速，不可一味留恋。这是中国人从花里悟出的生命哲理。

正是因为花之美短暂易逝，人们更要对它倾注深情。我们翻阅古典诗词，常常会为诗人词人对花的迷恋和呵护而感动。苏东坡“只恐夜深花睡去，故烧高烛照红妆”，在夜深酒醒后还要秉灯持烛与他心爱的海棠花两厢厮守，一个“恐”字道出了无限的怜爱与珍惜。同样为花痴绝的还有陆游，他“为爱名花抵死狂，只愁风日损红芳。绿章夜奏通明殿，乞借春阴护海棠”，恨不能写道奏章给玉皇大帝，请他放慢春的脚步，延长花期。诗人词人惜花到了刻骨铭心的地步，因为他们懂得与世间美好之物的每次照面都是惊心动魄的因缘，若马虎而过，必当抱憾无穷。

“最是人间留不住，朱颜辞镜花辞树。”人们在“无可奈何花落去”中体会到生命之浮脆。花归尘土，人又何尝不是要归于尘土呢？古人写落花大多伤感，“花自飘零水自流”“花落人亡两不知”“多少好花空落尽，不曾遇着赏花人”，都是在落花里悲悼自己的心事。

在读过的所有落花诗里，我最爱的有两句。一是龚自珍的“落红不是无情物，化作春泥更护花”。他人笔下的花是脆弱的、不能把握命运的、自怨自艾的，而龚自珍笔下的花却极有力量，极有担当：能用自己的生命点亮他人的未来，即便消亡又有何妨！人生的很多不幸是因为我们太关注一己之身，若能把关怀投向更多的人、更大的事业，哪里还有工夫自哀自怜呢？再来说我喜爱的另一句落花诗。李后主说“流水落花春去也”，可清代文人俞樾并不同意。他参加科举考试，复试的内容之一是以“淡烟疏雨落花天”为题作诗。俞樾摆脱了“落花伤春”的思维定式，提笔写下“花落春仍在”的句子，令阅卷官曾国藩激赏。自然界的春天会随着繁花落尽而渐离渐远，可落花带不走我们心中那份温暖的春意。若你能时时护住心中的一片春光，那么即便在百花凋残之时，仍然可以乐观自信地说：“冬天来了，春天还会远吗？”

柳

“黯然销魂者，唯别而已矣。”从古至今，与亲人、爱人、友人分离都是人生中比较伤感的时刻。虽然说古今的离情别绪大致一样，但古人在送别之时，往往离不开一个重要的道具，是什么呢？我们来读读几首古典诗词中的句子就知道了。唐代诗人王之涣的《送别》：“杨柳东风树，青青夹御河。近来攀折苦，应为离别多。”唐代诗人李白的《宣城送刘副使入秦》:“……无令长相忆，折断杨柳枝。”宋代词人周邦彦的《兰陵王·柳》:“柳阴直，烟里丝丝弄碧。隋堤上，曾见几番，拂水飘绵送行色。……长亭路，年去岁来，应折柔条过千尺。……”在古典诗词中，你可以看到许多“折柳送别”的意象。今天的人恐怕很难理解，送别的时候实在要送礼物，那也得送点上档次的，为什么古人都喜欢折根柳条呢？这还得从“柳”这个字说起。

“柳”是个形声字，左边的木字旁表示意思，右边的部分在篆文中写作“丣”（丣），表示发音。注意，这个字不读mǎo，而读yǒu。“柳”与“丣”读音接近。其实跟树名有关的字大多是形声字，像松、柏、枫、杨、桂、梅等等。“柳”和“留”谐音，所以人们折下柳枝送给远行之人，表达一种依依不舍的挽留之情。再说，你看柳枝的样子，纤柔袅娜，一条条垂下来，仿佛是要牵住游子的衣襟。在中国第一部诗歌总集《诗经》中就有描写柳树的句子：“昔我往矣，杨柳依依。今我来思，雨雪霏霏。”回想当年我远行之时，杨柳随风舞动。如今我踏上归途，却已是大雪漫天飘洒。“依依”这两个字用得真好，既形象地描绘出了柳条婀娜多姿的形态，也传递出了那种留恋缠绵的情感。

有人说，古代人交通不方便，没有什么高铁飞机之类的先进工具，他们远行往往会选择走水路，所以送行的地点常常在河岸边的亭子里。北宋词人柳永在《雨霖铃·寒蝉凄切》里写道：“都门帐饮无绪，留恋处，兰舟催发。执手相看泪眼，竟无语凝噎。”“兰舟催发”可不就在水边吗？水边多种柳树，随手折根柳条送给离别之人很方便，因此说“杨柳岸，晓风残月”。不过也有人不赞成这种说法，比如清代的褚人获在《坚瓠广集》中提出反驳，他说：“送行之人岂无他枝可折而必于柳者，非谓津亭所便，亦以人之去乡正如木之离土，望其随处皆安，一如柳之随地可活，为之祝愿耳。”意思是，就算是在水边亭子里给人送行，那周围除了柳树之外，肯定还有别的树，干吗非得柳枝不可呢？他提出的理由很有见地：之所以选择柳条是因为柳树跟其他树木相比，生命力特别强，柳枝随处一插就可以生根；以柳枝赠人，是希望他能像这柳枝一样在异地他乡随遇而安，很快融入新的生活。

古人一别，常常是数月、数年甚至一生，跟他们相比，现代人要幸运很多：只要想见面，去天涯海角也不过在飞机上度过短短的一段时光。折柳送别的方式渐渐陌生了，但我们应该知道这个看似简单的举动包含着中国人最温柔深厚的情感。在与心爱的人分别之际，我们既怀揣着千般不舍万般留恋，又不忘勉励远行的人“离家无家处处家”，只要足够坚强乐观，天涯亦可是故乡。

梅

对于那些不确定或者不想明说的人和事物，我们通常用“某”字来代替，比如，某年某月李某某在某地做了某事。“某”由上下两部分组成，上面是“甘”，下面是“木”。“某”字既然是木字底，就应该和树木有些关系。那么跟“某”有关的究竟是什么树呢?

原来“某”字最早读作méi,是“梅”的本字。我们来看看金文中的“某”字(),是不是很像一棵树?树顶还结着一颗饱满的果实,那是成熟的梅子。“某”字下面的“木”说明了它的植物属性,那它上面的“甘”字又有什么含义呢?“甘”字早在三千多年前的甲骨文中就出现了(),它记录了先祖的一种味觉体验。你看,这是不是很像人的舌头(),舌头上还有一横(),代表口中的美味。许慎在《说文解字》中这样解释“甘”字:“甘,美也。从口,含一。一,道也。”古人在品尝美食的时候,觉得舌尖上那种细腻丰富的感受实在很难用语言形容,于是化繁为简,用“一”全部包括进去了。这个“一”不是枯燥单一,用许慎的话说是“道也”,我们常说“味道”,真正的美味里蕴含着生命之道。梅子甜中带酸,嚼在口中回味无穷,自然配得上这个“甘”字。

西餐常用柠檬汁调味,在古代中国人用梅子汁调味,所以古时候最重要的两种调料是盐和梅子,合称“盐梅”。商朝有位君主叫武丁,他为了振兴国家四处寻访人才,后来在神人的指引下找到了贤人傅说,聘请傅说当宰相,并且说:“若作和羹,尔惟盐梅。”字面意思是,如果要烹制美味的羹汤,你就是调味用的盐梅。潜台词是,治理国家少不了你这样的人才。后来就用“盐梅”比喻国家需要的栋梁之材。南宋画家扬无咎擅长画梅花,在他的传世作品中《四梅花图》最为有名。整幅作品分为四段,分别描绘了梅花未开、欲开、盛开和将残时候的不同姿态,每段还配有一阕小词。“将残”一段画出了梅花被风雪摧残后“零落成泥碾作尘”的萧瑟，扬无咎写道：“欲调商鼎如期。可奈向骚人自悲。”商鼎是烹制和羹的器皿，梅子本可做调味之用，可如今梅花残落，梅子凋零，不能在烹调中一展身手。画家是在借残梅抒发自己不能实现报国之志的遗憾。

一株梅树结出可口的果实，这是“某”字原义，可后来这个字被借走，去指代不确定、不明指的事物，那用什么字表示梅呢？古人先是造出了“槑”，又造出了“楳”，最后决定用“梅”字来替代。为什么右边用“每”字呢？一来，它的读音跟méi相近；二来，“每”字里有个“母”，它在甲骨文中就是一个乳房饱满、即将生育的女子的形象（）。所以有人说“梅”字取“每”做半边，是喻意梅树生殖力旺盛，果实累累。还有一种说法更有趣，说梅子酸酸甜甜，是即将成为母亲的孕妇最喜欢的零食，所以“梅”字里当然少不了“母”。

桑

我们提到日本，有时候会用它的别称——扶桑。“扶桑”这个词出现于屈原的《离骚》中：“饮余马于咸池兮，总余辔乎扶桑。”诗人在神游中把他的马牵到咸池，也就是太阳沐浴的地方去饮水，然后又把马的缰绳拴在扶桑之上。这里的“扶桑”是神话中的神木，太阳就是从扶桑树上升起的。扶桑树是日出所在，用来指代东方。日本一直自称是太阳升起的地方，隋朝的时候日本天皇还给隋炀帝递交过一封国书，书信中自称“日出处天子”，而称隋炀帝为“日没处天子”。扶桑、日本都跟日出有关，到了近代，越来越多的人用扶桑指代日本，比如梁启超在戊戌变法失败后流亡日本，就说自己是“断发胡服走扶桑”。

那么传说中的扶桑树跟现实中的桑树有关系吗？有。扶桑还有一个别名叫“若木”。“若”字在古时候还有一种写法，写成三个“又”（叒），把“叒”“木”这两个字上下拼在一起，可不就是“桑”吗？传说中的扶桑是两棵桑树，它们“长数千丈，三千余围。两树同根，更相依倚”。互相扶持，所以叫“扶桑”。现实世界里的桑树自然没那么神奇，这是甲骨文“桑”字（），完全象形，是一棵枝繁叶茂的树，有树冠，有树干，还有树根。《说文解字》里说：“桑，蚕所食叶木。”也就是说，桑树的主要经济价值在于养蚕。

桑是跟百姓生活关系最为密切的树种之一。桑树和其他一些常见树木组合在一起会产生新的意思。比方说“桑榆”，字面含义是桑树和榆树；这两种树都高大挺拔，到了傍晚的时候夕阳的余晖落在这两种树的树端，于是“桑榆”就有了更深一层的含义，指日暮之时。“夕阳无限好，只是近黄昏”，夕阳、黄昏会让人联想到老年，而“桑榆”也渐渐用来指代垂暮之年，古诗中有“从容养余日，取乐于桑榆”，就是说要舒舒服服、逍逍遥遥地度过美好的晚年时光。桑树要是和梓树组合，就是“桑梓”，表示故乡。东汉的才女蔡文姬被匈奴人掳走，她一心归汉，说“生仍冀得兮归桑梓”。意思是：只要我活着，就不会放弃回归故乡的梦想。世间的树有那么多种，为什么桑树和梓树能成为故乡的象征呢？在古代，这两种树跟人们的衣食住用关系密切：桑树的叶可以养蚕，果子既能吃也能酿酒，树皮还可以造纸；梓树生长快，木质好，古人做家具，包括棺材都用梓木。这两种树的实用价值高，古人常在自家附近植桑栽梓，它们自然就成了故乡的代称。

古人对种桑树的位置大有讲究，不能种在屋子前头，如同柳树不能种在屋后，这叫“前不栽桑，后不种柳”。“柳”和“溜”读音相近，屋后不种柳是怕财气从后面溜走。“桑”和“丧”同音，门前栽桑大不吉利。你可能会说：这不是迷信吗？是迷信，可也是历史悠久的迷信了。我们来看甲骨文“丧”字（），这是个形声兼会意字，由一棵桑树（）和四张口（）组成，本义是指满树蚕虫将桑树的叶子吃光，引申为丢失、失去之义。桑树在“丧”字里待的时间长了，难免沾染上死亡的气息。

走兽游鱼

马

在古代，马是主要的农业生产、交通运输和军事工具，人们的生活离不开马，所以马在我们的传统文化中占据着非同一般的地位，这一点有很多成语能体现出来：一个人有领头的榜样作用，叫“一马当先”；一个人人生经验丰富，叫“老马识途”；官员接任新的职位，叫“走马上任”；办事迅速而顺利，叫“马到成功”。跟马有关的词语数量巨大，其中许多是褒义词。

马跟一般的家畜不一样，野性很强，不是一般人能够操控的，必须由专人来驯养。这是甲骨文“马”字()，长脸，大眼，加上飞扬的鬃毛和健硕的马蹄，十分形象。跨上这样一匹骏马在原野上驰骋是件很威风的事情。我们来看看甲骨文“骑”字()：一个大人()坐在马背()上，手里拿着缰绳()。到了金文中，“骑”字发生了变化()，大人还在上面，不过他胯下的马背和手中的缰绳合并成了“可”字。你可能会说：这哪里是“骑”，不是“奇”吗？没错，这个不带马字旁的“奇”本义就是骑马。骑马一人只需一匹马，不像驾马车需要两匹或者四匹马，所以“奇”又有单个的意思，现在读jī。后来“奇”字被借走表示奇怪、特殊的意思了，只好再造出一个带马字旁的“骑”来表示骑马。

想娴熟地骑马，重要的是要有驾驭能力。“驾”和“驭”这两个字里都有马，那它们之间有区别吗？我们先来看“驾”字，这是个形声兼会意字，上面的“加”既表示读音也含有意思，表示枷锁。所以“驾”的本义是给马脖子套上枷锁，即马轭，便于控制它。那么“驭”呢？“驭”字的左边是“马”，右边是“又”。“又”在甲骨文中是一个手的形状()，带“又”的字通常跟手有关，“驭”的本义是用右手控住马的缰绳。

要想驾驭好一匹马，骑手必须培养和马之间的默契。马能感觉到骑手的心情，如果人犹豫不决、心存畏惧，那马也会受影响，不愿服从。所以养马不光要让它吃好喝好训练好，还得培养它和人的感情。这种感情一旦建立，是非常牢固的。杜甫在《房兵曹胡马诗》里曾称赞一匹大宛宝马，说它“所向无空阔，真堪托死生”。这匹马是能够以身家性命相托付的知己。古人对马的热爱也体现在汉字里，翻一翻《词源》就知道跟马有关的汉字有多少，比如：“驳”是青白相杂的马，“骊”是黑色的马，“骓”是黑白相杂的马，“骅”是赤色的马。可惜，马渐渐退出了现代人的生活，跟马有关的许多汉字故事也尘封起来。

前面说了，跟马有关的词语许多是褒义词，但也有贬义用法，比如“拍马屁”。游牧民族以养骏马为荣。平时在路上熟人相遇，就会拍拍对方马的屁股，摸摸马膘如何，然后夸一声“哟，真是好马”。开始，人们还实事求是，马好才说好，可时间一长，有的人不管别家的马好坏，只一味夸好，哄主人高兴，就这样“拍马屁”沦落为阿谀奉承的同义词。

犬

有一个谜语是这样的：“走起路来落梅花，从早到晚守着家。看见生人就想咬，见了主人摇尾巴。”答案很简单，就是狗。跟很多家畜，像牛、马、羊、猪等相比，狗跟人类生活的关系最为密切，因为它的功能最为全面。狗可以充当看家的护卫、打猎的助手、侦查的伙伴，当然还可以作为宠物愉悦我们的身心，抚慰我们的情感。人类驯养狗的时间很长，甲骨文中已经出现了“犬”字（）。把它逆时针旋转90度，就能看到一条张着嘴、翘着尾巴奔跑的狗了。不过这个字发展到楷书就简化成“犬”，完全失去了本来的面目。

一般人家养狗最实用的功能是看家护院，狗一听到门外有响动就会汪汪直叫，唐诗里有这样的句子：“柴门闻犬吠，风雪夜归人。”“吠”字左边是“口”，右边是“犬”，吠就是狗叫。主人回来，狗吠表示欢迎，如果来的是不速之客，这叫声则能起到震慑作用。狗的保卫功能还体现在“器”字中。“器”字周围四个“口”，中间一条“犬”，什么意思呢？《说文解字》里说：“器，皿也。象器之口，犬所以守之。”那四个“口”代表器皿，狗死死守着它们，防止外人偷盗，这就是所谓的看家狗。

据动物学家研究，狗很可能是由狼驯化而来的。狼个头不大，独自捕猎的能力有限，很难跟老虎、狮子那样的大块头野兽竞争，只好常常在人类居住地附近溜达，吃点人们丢下的肉、骨头什么的。时间一长，人们渐渐习惯了狼的存在，并发现狼有一些特殊能力，能够协助人寻找、捕杀猎物，因此对狼加以驯化，培育成狗。所以“猎”字的繁体字“獵”左边是“犬”，右边是声符“巤”，读liè。人们意识到打猎这件事很难离开狗，因为狗的嗅觉非常灵敏，能够根据野兽遗留的气味找到它们的踪迹。狗的这个特点我们可以从“臭”字看出来。“臭”本是动词，表示用鼻子闻，相当于“嗅”字。它的甲骨文字形（）十分形象：上面是个大大的鼻子，下面是一条头朝上、摇晃着尾巴的狗。古人早懂得狗的嗅觉非常灵敏，便用代表鼻子的“自”同“犬”组成会意字“臭”。要闻总得先有气味才行吧，所以“臭”字也可以用作名词，表示气味。注意，古时候“臭”是气味的总称，不管香臭都包括在内，读xiù，不读chòu。

现在很多人家养狗不再是为了看护财物或帮助打猎，而是当成宠物。许多居民小区都提倡“文明养狗”，这很重要，尤其是遛狗的时候一定得牵绳，不然容易惊扰路人。“突”字上面是“穴”，下面是“犬”。想想你在大街上溜达，这时候从门洞里一下子蹿出来一条凶恶的大狼狗，你是什么感觉？那不就是突然吗？

鱼

中国人对鱼特别偏爱，过年的时候家家饭桌上必有一尾红烧鱼，墙上贴的年画里还有一个胖娃娃手里抱着一尾大鲤鱼。“鱼”和“余”同音，过去食物不充足，吃饱肚子是百姓最关心的事，人们喜欢鱼，是取“年年有余”这层吉祥的含义。现在虽说生活富裕了，爱鱼的民间习俗却保留了下来。

对鱼的喜爱可以追溯到新石器时代，在黄河中游仰韶文化遗址出土的很多陶器上就出现了鱼类的纹饰（图 1-2），这说明

图 1-2　仰韶文化半坡类型鱼纹彩陶盆

捕鱼在当时已经是一项寻常的活动了。鱼除了是食物之外，还是一种重要的生命图腾。为什么呢？因为鱼的繁殖能力特别强，那时候的人认为吃了鱼之后，就会获得像鱼一样旺盛的生殖力。甲骨文中出现了“鱼”字（），它跟仰韶文化陶盆上的鱼纹如出一辙：不但鱼头、鱼尾、鱼身描绘得很形象，连鱼鳍、鱼鳞也一样不缺，不管你来自世界上什么地方，懂不懂中文，一看到“鱼”这个字，就一定能猜出它的含义来。

从事教育工作的人有一句挂在嘴边的话：“授人以鱼，不如授人以渔。”与其给人家两条鱼吃，不如教会他捕鱼的方法，掌握了方法，人家想吃鱼随时都能自己捕。我们来看表示捕鱼的这个“渔”字，在甲骨文中它的写法至少有三种：第一种描绘鱼在水里游动的样子（），让岸上的人临渊羡鱼，随时打算跳下去抓两条；第二种左边一条鱼，右边一只吊钩（），显然是在钓鱼；第三种左边一条鱼，右边两只手正在撒网（），这种方式捕到的鱼肯定更多。到了楷书，为了书写方便就沿用了甲骨文中第一种表示捕鱼的造字方法，用“氵”加上“鱼”构成“渔”。

鱼肉味美，我们用“鱼”“羊”二字组成“鲜”。其实“鲜”字还有一种写法，就是把三条鱼放在一起（鱻）。孟子曾经感叹，鱼和熊掌不可兼得，可见当时鱼是非常珍贵的食物。

孟子是鲁国人，“鲁”现在是山东的简称，为什么这个字里有条鱼呢？我们来看甲骨文“鲁”字（）：上面是条鱼，下面是个器皿。装在盘中的一条鱼，味道自然鲜美，所以“鲁”字最初有美好的意思。奇怪的是，今天我们说到“鲁”，一般都会想到

鲁钝、迟钝，它的字义怎么会发生这么大的转变呢？刘熙《释名》里有一种解释且供参考，他说“鲁”字后来做了国名，“国多山水，民性朴钝”。鲁国一带百姓性格敦厚质朴，所以渐渐地“鲁”就有了鲁钝的意思。

“鱼”字可以作为部首使用，带鱼字旁的字大多跟鱼有关，像鲤、鳜、鲫、鲈、鳝等等。“鳏”也是鱼字旁，所谓“鳏夫”指的是丧妻之后不再娶的男人，他能跟鱼扯上什么关系呢？原来有一种鱼叫“鳏鱼”，它的特点是眼睛从来都不会闭上。浪漫的古人就想，它为什么不闭眼呢？肯定是忧愁所致。妻子去世的男人忧愁悲伤，晚上失眠，不也合不上眼吗？就叫“鳏夫”吧。唐代诗人元稹妻子早亡，他写给妻子的悼亡诗中有一句“惟将终夜长开眼，报答平生未展眉”，恰好可与“鳏”字印证。

龙

在十二生肖中，有一种动物是不存在的，就是龙。尽管我们谁也没见过龙，但都骄傲地宣称自己是“龙的传人”，因为龙是中华民族的图腾。

“龙”字出现得相当早，三千多年前的甲骨文里就有了（）。而且有人做过统计，甲骨文里的“龙”字有十一个之多，基本上都有头有角，张着大嘴，长着长长的、弯曲的身体。我们知道甲骨文里很多字是象形的，龙很有可能源于人们见过的一种大型爬行动物。因为这种动物比较罕见，它的形象便在人们口口相传中慢慢起了变化，后来人们干脆把九种不同动物的特征统统加到龙的身上，说它：角似鹿，头似驼，眼似兔，项似蛇，腹似蜃，鳞似鱼，爪似鹰，掌似虎，耳似牛。简而言之，就是把海陆空各种动物的优势集于一身。不但长相怪异，龙还具有无边的威力。《说文解字》里这样解释“龙”字：“龙，鳞虫之长。能幽，能明，能细，能巨，能短，能长；春分而登天，秋分而潜渊。”总之它变化多端，且上天入地无所不能。

龙后来还成了皇家的象征，我们管皇帝叫“真龙天子”。既然是真龙，那外形就不能跟常人一样。史籍中说到帝王相貌不外乎这样一些描述：奇骨贯顶、河目海口、日角龙颜、龙行虎步等等。还有一些奇特的细节，比如：舜帝有重瞳；汉高祖刘邦左边大腿上有七十二颗痣；唐高祖李渊更夸张，“体有三乳”。这都属于奇相。还有隋文帝杨坚，“为人龙颔，额上有五柱入顶”。他额头突出，有五块隆起的部分从额头一直延伸到头顶，下颌也很长。现在这叫“长残了”，可古籍里管这叫“龙凤之姿”。

长得奇只是一方面，真龙天子的诞生也必然伴随种种奇特的现象。唐太宗李世民出生“时有二龙戏于馆门之外，三日而去”，有两条巨龙出现在他家门口，嬉戏了三天才离开；后周太祖郭威出生的时候“赤光照室，有声如炉炭之裂，星火四迸”；宋太祖赵匡胤一落地“赤光绕室，异香经宿不散”，不但有神奇的光芒，还有独特的香味。你翻翻二十四史就会发现一条贯穿五千年的真理：但凡“小龙人”出生，哪怕在漆黑的深夜，也一定会有红色的光芒将整个产房照耀得如同白昼般明亮辉煌。

龙在中华文化中占据重要的地位，我们向外国朋友介绍传统文化的时候免不了会提到它。不知道最初是谁把伟大崇高的龙译成了英文“dragon”，这个翻译相当“坑龙”。为什么呢？“dragon”在西方文化中特指一种口中会喷火的邪恶怪物，是魔鬼撒旦的化身。所以，要跟外国人说我们是“dragon”的传人，那不是抹黑自己吗！同样，我们把韩国、中国台湾、中国香港和新加坡称为“亚洲四小龙”，可英文不能翻译成“Four Asian Dragons”，那就成“亚洲四大恶魔”了，而是译成“Four Asian Tigers”，“亚洲四小虎”。如果一定要翻译“龙”怎么办呢？音译成“loong”。武术明星李小龙的名字比较流行的译法就是“Lee Siu Loong”。你要是译成“Lee Small Dragon”，“李小恶魔”，估计全世界的武术迷都要找你算账。

二 成语篇

我们文化中的大量成语典故属于“普通知识”，而这种普通知识的传统正面临着危机。一个人即便一个成语都不会，也不大妨碍他的日常生活。在努力挽救“普通知识”的传统之前，首先要回答的问题是：我们为什么还需要这些古老的成语？

第一个理由是，对于中国人而言，这些典故仍以勃勃的生命力顽强地活在当下的语言环境中。我们日常的交流离不开这种共享的知识库。这些知识虽然大多来自道听途说、耳濡目染，却已融入我们的生命，身处中华文化中的每个人都可以不动声色地随意享用。如果对这些“普通知识”缺乏了解，交流就无法顺畅地进行。

还有一个理由，语言是一个不断更新的系统，每一个时代的人都为这个系统贡献新的词汇。在网络时代，各种时髦话更是层出不穷。可年轻的朋友们，一味顺应潮流恐怕不行，我们还得顺应文化、顺应古典。流行词汇的确创造了一种更直接、更率意的表达方式，但也失去了文化中细腻、幽微的一面。比如，古人对于“压力山大”有着更多样的表述：任重道远、如牛负重、千斤重担、忍辱负重、心有余而力不足等等。这些词都在说压力大，但又有着微妙的区别，可以运用在不同的情境中。

“古典”的价值不仅在于“古老”，更在于“经典”，那些跨越时代流传至今的成语典故包含着丰富的文化信息，从这一点上说，“普通知识”的意义绝不普通。它们其实是中华古典文明为我们留下的线索，虽然只是小小的一段，但只要愿意，我们就可以顺着它们到历史的文化宝库中去探寻一番。

其实，成语并不完全属于我们。它们部分地属于我们之前的创造者，部分地属于我们身后的世世代代。我们只是传送者，位于它们的过去和未来之间。

人生勤为径

学富五车

每当我们需要赞美那些知识渊博的人，都会不由自主地想到一个词：学富五车。我原来以为“学富五车”指的是学问很大，读了五车的书，后来读了《庄子》才晓得根本不是那么回事。我们先来说说这五车书到底有多少。这车不是轿车、面包车、大卡车，而是战国时期的马车。据专家测算，当时一辆质量比较好的车大约能载重二十石，用现在的计量单位换算，大约是一千二百公斤；五辆车就是一百石，差不多六千公斤。要说这六千公斤的书，是相当多了。问题是战国时候的书，不是纸制的，而是竹子、木头做的简，很重。据说秦始皇一晚上处理的公文量就是一石竹简，那五车一百石的竹简也就只够看一百个晚上。一百个晚上的阅读量怎么也成不了学识渊博的大家呀！

原来“学富五车”并不是指读了五车书，而是指写了五车书。而这位多产的作家就是庄子的好朋友惠施先生。“学富五车”这个词最早出自《庄子》：“惠施多方，其书五车，其道舛驳，其言也不中。”惠施这个人学问广博，所著的书能装满五辆车，但是他的理论体系多有自相矛盾之处，他的具体主张也无关社会痛痒。后人只将庄子对惠施的评价截取了前半截，而把批评惠施的后半截省略了，这就偏离了庄子的原意。

那么惠施究竟是个什么样的人，他和庄子又有怎样的交往呢？惠施是庄子的好友，不过两人的性格志趣差别很大。惠施有几个特点。首先，他喜欢高谈阔论。他上知天文下知地理，喜欢跟人争辩。最大的爱好就是用貌似振振有词实则不近人情的歪理，唾沫横飞地将人侃晕，用这种方式来猎取学术声誉。其次，此人非常功利。在他看来，学术也好知识也罢，都是用来换取高官厚禄这类现实利益的。此外，惠施的道德修养也很成问题，做人有时候相当不可靠。我们不妨举一个小例子。

惠施口才好，混得不错，到梁国为相。有一天，庄子忽然想起这位老朋友来了，就决定去梁国找他。庄子刚刚踏上梁国边境，惠施就得到情报，说庄子要来了。惠施立马紧张起来，他想：庄子比我有才华，他来干吗？难道是看到我升官，眼馋了，想来取而代之？要么就是因为他对我知根知底，要到国君面前去打我的小报告。惠施越想越恐慌，就秘密派人去搜捕庄子。结果没抓到，庄子自己乐呵呵地上门来了。惠施很尴尬，但他到底有城府，就装作什么事也没发生。庄子见面就说了个笑话。南方有一种鸟，名叫鹓雏。它从南海飞往北海，非梧桐树不栖息，非竹米不食，非甘泉不饮。总之，鹓雏是很有品位的鸟。此时，有一只鹞鹰蹲在野地里，正忙着撕咬一只腐臭的死老鼠。它瞥见鹓雏飞来，立刻提高警惕，昂头瞪眼，发出一连串恐吓的声音：嘿，别抢我的老鼠。

庄子显然是在讽刺惠施：相位对你来说是宝贝，对我而言根本是无用之物。这个故事也让我们见识到写了五车书、极有学问，却阴险势利的小人。有个词叫作“学识”，其实学和识是两码事。没有正确的见识做底子，即使满满五车的学问也不能换来别人的尊敬。

人定胜天

近年来，环境问题一直让人烦恼。有一回朋友们聚会，聊到这件事，有人勇猛地表态：“怕什么呀，没听说过成语‘人定胜天’吗？人类必然能够战胜自然。”我对她说：“你那份强大的信念很鼓舞人，不过‘人定胜天’这个成语你用错了。”她一听，急了：“怎么可能？这个成语我上小学时就会了，‘人’就是人类，‘定’就是必定，‘胜’就是战胜，‘天’就是上天。”

其实，这个词应该读作“人定/胜天”，而不是“人/定胜天”，而且在古代，它常常和“天定胜人”连在一起用。

关于“人定胜天”的来源有不同的说法，比较常见的是说它出自《史记·伍子胥列传》。伍子胥原是楚国人，他的父亲受奸人陷害，被楚平王杀害。伍子胥逃到了吴国，成为吴王最得力的大臣。后来伍子胥为报父仇，带兵攻入楚国都城。可楚平王早就死了，伍子胥就命人掘开他的坟墓，挖出尸体，狠狠抽打了三百鞭。伍子胥原先在楚国有位好友叫申包胥，他得知鞭尸的事情，觉得太过火了，就派人带话给伍子胥，说：楚平王过去到底也是你的君王，你就算要报仇也不至于作出污辱死人的事吧，这简直就是违背天理。“吾闻之，人众者胜天，天定亦能破人。”意思是：我听说，有的人可以凭借人多势众，逆天理而行；可一旦上天安定下来，就会拨乱反正，击败强暴之人。申包胥所说的“人众者胜天，天定亦能破人”，就是后来“人定胜天”和“天定胜人”这一对成语的来源。他说“吾闻之”，说明这是一句经典的古训，不是他的个人创造。这句话到后来发生了变化，成了“人定者胜天，天定者亦能胜人”。

那什么叫“人定胜天”呢？“人定”的“定”可以作“谋划”讲，也有“安定团结”的意思，就是强调人的因素在一件事情中所起的关键作用；“胜”不是“战胜”，而是“更加重要”的意思。应该说“人定胜天”是个很进取的观念，面对自然的残酷和命运的变化无常，人不是消极悲观、无所作为的，可以通过努力积极改变。所谓“谋事在人，成事在天”，人和天的因素都很重要。

后来人却把“天定胜人”略过，再把“人定胜天”曲解为“人一定能战胜自然”。“人/定胜天”的口号貌似英勇，但既缺乏科学精神，也没有文化常识。要知道，在中国的传统文化里，从来不会把自然放在人类的对立面，反而强调人与自然和谐统一。就算是皇帝，也只敢称自己是“天子”，上天的儿子，也没有一定能战胜上天的胆量。

其实，我对环境问题改善也是乐观的，但这不是靠着人必定战胜自然的豪情，我的信心恰恰来自“人定胜天，天定胜人”这八个字:“人定胜天”激励我们去发挥主观能动性，而“天定胜人”时时提醒我们对大自然保持一份应有的谦恭和尊重。

东山再起

人们常用“东山再起”这个成语形容一个人在退隐或失势之后恢复地位。可为什么一定要把东山作为复出的起点，西山、北山、南山不行吗？因为这个成语说的是东晋宰相谢安，而东山是他早年隐居的地方。

小时候，我们都背过刘禹锡的两句诗“旧时王谢堂前燕，飞入寻常百姓家”，琅玡王氏和陈郡谢氏是东晋的两大名门望族，他们居住在建康（今天的南京）秦淮河畔的乌衣巷，所以后人就用“乌衣门第”比喻世家望族。这两个家族出了无数的风流人物，丞相王导、书法家王羲之与王献之都是王家的优秀子弟，而谢家的代表人物则首推谢安。谢安“少有重名”，年纪不大，声望却很高。一来，他有气质，书上说他“风神秀彻”；二来，他才学高，精通老庄之术，书法也写得好。这样的人物，朝廷当然要大力网罗。可谢安淡泊名利，只想做个快乐的隐士。他以生病为借口，选了一处山奇水美的风景胜地隐居起来，这个地方就是会稽的东山。

谢安隐在东山，生活却一点也不枯燥：他喜欢举办聚会，出席聚会的嘉宾都是文化名流，像“书圣”王羲之、文学家许询、高僧支遁都是他的座上宾。他们“出则游弋山水，入则言咏属文”。王羲之在《兰亭集序》中记录的那次兰亭雅集，就是这帮朋友策划参与的。谢安还养了好几名歌伎，每次出门游玩，都把她们带上。打个比方，我们现在出门可以随时用手机听听歌，但古代的音乐爱好者哪有这样的装备，只好带上能歌善舞的姑娘。四百年后，谢安的忠实“粉丝”李白为了表达对谢安的怀念，特地带了一群歌伎到东山集会。

李白崇拜谢安，不仅因为他懂得寄情山水，更因为他能在关键的时刻东山再起。谢安四十岁左右的时候，谢家遭遇了一系列变故：他的哥哥去世，弟弟在战争中失利，被废为庶人。眼看家族的荣誉可能就此不保，谢安不得不担负起他的职责，毅然出山。东山再起的谢安展现出非凡的政治才华，他性情温和、处事公允，既有宰相的气度，又有儒将的风范。他政治生涯的最高点则是我们都熟悉的“淝水之战”。在这场决定东晋王朝生死存亡的战役中，谢安运筹帷幄，以弟弟谢石为大都督，侄子谢玄为前先锋，儿子谢琰为大将，率兵八万，将号称八十万大军的前秦打得落花流水。当前线的战报传来，谢安正在跟朋友下棋。他看完书信，面色淡然，继续慢悠悠地下棋。直到朋友急切地询问战况，他才缓缓答道：“小儿辈大破贼。”哪怕内心激动得翻江倒海，他仍然能游刃有余地控制情绪，这样的风度让李白佩服得五体投地，大发感慨道："但用东山谢安石，为君谈笑静胡沙。"

"东山再起"是对谢安一生最为扼要的概括："东山"是他名士风度的象征，而"再起"则体现了他的政治才干。隐，隐得风雅；起，起得潇洒。谢安完美地成就了自己，成为后代士人心中的典范。

洛阳纸贵

现在很多人出书都喜欢请名人作序，借助写序者的声望提升书的人气。其实这种做法古已有之。如果翻翻一些古代文化大腕的文集，就会发现里面有不少篇章都是应他人之邀所写的序言。那么，最早想到向名家求序这个法子的人是谁呢？据史料记载，西晋文学家左思是最早向大腕求序并得到积极回应的作家。

左思的代表作是《三都赋》。此赋描写了吴、魏、蜀三国的首都，结构宏大、文辞华美，在西晋的都城洛阳大大火了一把。火到什么程度呢？火到为此诞生了一个著名的成语：洛阳纸贵。当时洛阳城里的权贵之家争相抄写左思的《三都赋》，以至于纸的需求量激增，纸价暴涨。左思也凭借这部作品成为文坛名流。

左思的成名之路实在很励志，他小的时候"貌寝，口讷"，长得奇丑，不善言语。不仅如此，他还是个不折不扣的笨小孩。左思的爸爸左熹是个小官，虽说收入不多，但很注重孩子的教育，让左思学书法，又学音乐，可是“并不成”，没一样过关的。左熹只好在背地里跟朋友诉苦：“思所晓解，不及我少时。”这话严重刺激了左思的自尊心，于是他发奋苦读，立志要有所作为。

虽然左思长得丑，他的妹妹却很美，被选入宫中。他也就跟着来到首都洛阳，任秘书郎，相当于在皇家图书馆谋了一个馆员的职位。有一天，左思听说了一条新闻：大帅哥潘岳，后人一般管他叫潘安，在洛阳城里驾车出游，全城的女子都为之疯狂，把他围得里三层外三层，老太太们还激动得往他的车里扔果子。左思也不知道是出于什么想法，“亦复效岳遨游”，“于是群妪齐共乱唾之”，果子和媚眼都没捞着，被吐了满身口水回来。

左思意识到拿自己的短板去跟别人的长处比较是不行的，他决定要穷其精力，创作一部旷世巨著，让世人认识到他的魅力。左思用整整十年时间写出了《三都赋》。据《世说新语》记载，左思担心自己是个无名小辈，作品会被埋没，就接受了别人的建议，去请当时很有声望的大学者皇甫谧为《三都赋》作序，推介一下。皇甫谧一看，果然是篇杰作，便慨然作序。借助名人效应，《三都赋》果然火了。据说当时江南才子陆机也在洛阳，他本来也想写《三都赋》，一听说左思在写，就给弟弟陆云去了一封信，傲慢地说：“此间有伧父，欲作《三都赋》，须其成，当以覆酒瓮耳。”然而，陆机读到左思的文章之后，大为叹服，认为自己无法超越左思，便放弃了写《三都赋》的念头。直到今日，《三都赋》仍然是文学史上公认的名作。

像左思这样请名人作序当然是一种炒作手段。所谓“炒”，就是借助外力由冷至热的过程，通过适当的传播手段使作品被更多的人了解，这本身无可厚非。可是热了之后还能在漫长历史中保持温度，关键还在于作品本身价值高。

世事皆学问

终南捷径

提到谋求官职或名利的便捷途径，我们会很自然地想到一个成语“终南捷径”。终南是什么地方？它和捷径之间又有怎样的关系呢？如果你翻开中国地图，就会发现在西安市长安县城南十五公里处有一段绵延的山脉，它是秦岭的一段，叫作终南山。白居易在《过天门街》中写道：“雪尽终南又欲春，遥怜翠色对红尘。千车万马九衢上，回首看山无一人。”人们忙着在大都市里追名逐利，根本没有人回头看一眼那翠色如画的终南山。山，幽静隐逸；都市，喧闹进取。这两者似乎是对立的，有人却将远离红尘的终南山转化为奔向功名利禄的一条捷径，这个人名叫卢藏用。

卢藏用是唐代的一位才子，文章、书法都很好，还擅长下棋和弹琴。他二十出头就考上了进士，摩拳擦掌准备大展宏图，可他偏偏没有得到人事主管官员的赏识。放在现在，他完全可以做个自由撰稿人，当个艺术家，或者下海经商。但在那个“万般皆下品，唯有读书高”的时代，读书人自我实现的唯一途径就是做官。卢藏用心情郁闷，但脑子很灵活，他知道可供读书人选择的社会姿态非常有限，除了做官，也就是“仕”之外，还有一种姿态也很漂亮，那就是“隐”。在中国的传统文化中，隐居就意味着淡泊名利，意味着一种更高的道德选择，在官方修订的二十四史中几乎都有“隐逸传”。卢藏用决定隐居，但不是真隐，而是要用隐士的姿态引起官方的注意，以退为进。他翻开地图，将隐居地点锁定在终南山。这里离长安非常近，城里有个风吹草动他很快就能知道。再说，在皇帝眼皮底下隐着，一有名声立马能传到皇帝耳朵里。

卢藏用把隐居工作当成一项业务来跑：皇帝在长安办公，他就在终南山修行；皇帝移驾洛阳，他就马不停蹄地跑到嵩山隐居。人们送了他一个绰号，叫“随驾隐士”。功夫不负有心人，事情折腾到这个地步，皇帝也不好意思装不知道了。女皇武则天下旨将他征召入宫，赏了他一个小官做。卢藏用便兴冲冲地出山，为女皇陛下工作去了。你可能要问，隐居怎么就能成为做官的捷径呢？因为能将有才有德的隐士请出来为政府效力，本身就是统治者贤德圣明的表现。卢藏用的“隐”是摆个姿态，武则天的“召”又何尝不是一种刻意为之的姿态呢？

当然不是每位隐士都像卢藏用这样假隐，比方说有个叫司马承祯的人隐居在天台山，唐睿宗对他十分看重，招他入宫。可他对当官完全没兴趣，在长安游玩了一趟之后，坚决要求回天台山接着当道士。卢藏用此时官居吏部侍郎，他去给司马承祯送行，就指着终南山说："此中大有嘉处。"意思是：你别傻了，何苦大老远跑到天台山，这终南山就很不错。司马承祯坏坏一笑，回答道：终南山的确是做官的捷径啊！从此"终南捷径"就成了专门贬损那些沽名钓誉之徒的经典用语。

小鸟依人

今天我们看到那些小巧可爱的女生，幸福地依偎在高大的男友身边，就会用一个成语来形容她们，那就是"小鸟依人"。可是，这个成语最初是用来形容男人的。别误会，这个男人长相并不小巧，性格更是果敢强悍。他是谁？又为什么要"小鸟依人"呢？

"小鸟依人"这个成语最早出自《说文解字》："雀，依人小鸟也。"麻雀是一种喜欢和人类待在一起的鸟，因为有人在的地方就有食物。唐诗《雀》中有这么两句："大厦初成日，嘉宾集杏梁。"这里的"嘉宾"当然不是人，而是麻雀，要是人待在房梁上就成了小偷。因为麻雀喜欢栖息在屋檐下、庭院前，就有了"嘉宾"这个别称。成语中有两只幸福的鸟儿，一个是"爱屋及乌"里的那只乌鸦，另一个就是"小鸟依人"里的这只麻雀。

第一次把"小鸟依人"用在人身上的是唐太宗李世民。有一次，他和大臣们闲聊，谈论起当朝的官员来。在聊到褚遂良的时候,唐太宗深情地说:“褚遂良鲠亮,有学术,竭诚亲于朕,若飞鸟依人,自加怜爱。”李世民对褚遂良的评价中有两个关键词。一是“鲠亮”,也就是忠贞耿直。褚遂良曾经担任起居郎一职,专门负责记录皇帝的言行。皇帝一般都比较怵这样的官,因为他们记录的内容是要传于后世的,直接关系到皇帝的公众形象。李世民就跟褚遂良套近乎:人非圣贤,哪能没有过错?要是我干了不太光彩的事,你就不能手下留情吗?褚遂良严肃地回答:我的职务就是这样,您的一举一动,我会一条不落地记下来。等到李世民的儿子当了皇帝,想要立武昭仪做皇后,褚遂良坚决反对。他将手中拿着的笏板扔在皇帝面前,把官帽一摘,就趴在地上一个劲儿地磕头,直到满头鲜血,绝对是条响当当的硬汉。

在李世民对褚遂良的评价中,第二个关键词就是“有学术”。这主要是指褚遂良的书法造诣。褚遂良是唐代初年著名的书法家,他的字秀丽端庄,当时的人这样评价他的书法:“字里金生,行间玉润,法则温雅,美丽多方。”李世民是个书法迷,最喜欢王羲之的字,他曾经把搜罗到的王羲之墨迹全都拿给褚遂良看,让他鉴别真伪,结果褚遂良“无一误断”,全部说对了,可见他的眼光也是极好的。

褚遂良有个性,有才华,这样的男人用“大鹏展翅”来形容还差不多,怎么能“小鸟依人”呢?原因就在于他是为皇帝服务的,在封建社会的君臣关系里是没有“人格平等”这一说的。尽管褚遂良比李世民还大了两岁,但等级的区别造成了视觉的差异。

词义的变化反映了世道人心的变化,君主专制被推翻了,

"小鸟依人"也就从男人身上转到女人那儿去了。不过今天的女人越发独立，时尚杂志都在教导女人："等待白马王子不如拥有自己的一匹马。王子没来的时候，自己策马驰骋；王子来到的时候，和他并驾齐驱。白马王子来不来，人生都一样精彩！"面对这样的时代趋势，我有点儿为"小鸟依人"这个成语担心，不知道它未来的命运究竟会怎样。

一日三秋

"一日不见，如隔三秋"，分离两地的情侣们都喜欢用这句话来表达迫切的思念之情。这话乍听起来，简直是疯话，一天怎么能和三秋等量齐观呢？只有思念过的人才有这样的体验：朝夕相处，觉着光阴似箭，嗖地过去了；两地分离，就感到度秒如年。你不得不佩服我们的古人，早在几千年前便琢磨出了"相对论"的精髓。

"一日不见，如三秋兮"这句话出自《诗经》。如果我们仔细想一下就要问了：为什么一天不见就感觉时光如此漫长呢？除了思念之外，这里头有没有更深层的原因？古代有很多学者给《诗经》作注解，其中最有名的是西汉初年的两位学者：毛亨和毛苌。他们是这样解释这句诗的："一日不见于君，忧惧于谗矣。"就是说，做臣子的一天见不到君王，就担心遭小人诽谤，失了君王的信任。这样的解释有点意思，古代官场有句俗话，叫"一日不朝，其间容刀"。政治舞台上充满翻云覆雨的变化，经常在皇帝面前露露脸，有利于培养感情。可一旦离开朝廷，君恩疏远，小人的谗言就像刀子，很可能令人遭遇灭顶之灾。史书记录的一件小事让人印象很深刻。南宋奸臣秦桧被宋高宗免了职，有一天晚上他和朋友聊天，朋友就说到一名官员离开朝廷到外地任职，恨他的人天天在皇帝面前说他坏话，时间一长，皇帝真的把他革职了。秦桧一听，先是一声不吭，接着对朋友千恩万谢。朋友糊涂了，秦桧说：多谢你提醒，我现在才明白当大官的人是不能随随便便离开工作岗位的。后来他便想尽法子官复原职。所以古代官员不肯离开京城，未必是贪图利禄，而是怕离去后会遭不测，不仅奸臣怕，忠臣也怕。岳飞、袁崇焕都是在远离皇帝之后遭遇不测的。

两位毛公的解释或许曲解了《诗经》的原意，但其中的道理是不错的。不只君臣，就算是情侣夫妇、友人知己，如果山遥水远，缺乏交流，也难免产生隔阂。对女子来说，离别不全是相思，还有担心，怕丈夫变心，自己遭受抛弃。在这样的忧惧里，时光自然难熬。《红楼梦》中贾琏远行在外，派仆人昭儿回家报信，接下来的一段看似闲笔，却将凤姐的心事全抖搂出来：

凤姐见昭儿回来，因当着人不及细问贾琏，心中七上八下。待要回去，奈事未毕，少不得耐到晚上回来，又叫进昭儿来，细问一路平安。连夜打点大毛衣服，和平儿亲自检点收拾，再细细追想所需何物，一并包裹交给昭儿。又细细儿的吩咐昭儿："在外好生小心些伏侍，别惹你二爷生气。时常劝他少喝酒，别勾引他认得混账女人，我知道了，回来打折了你的腿！”

担心他的旅途安危，记挂他的冷暖起居，可憋到最后还是把心底最大的不放心说了出来，怕的是他那拈花惹草的脾性，怕的是莺莺燕燕乘虚而入。

臣子畏惧谗言，女子畏惧变心。“一日三秋”，这个看似痴情的成语里包含的从来就不是单纯的思念。

炙手可热

唐代是我国古典诗歌发展的全盛时期，我们稍稍留心就会发现，平时用的许多成语就是从唐诗里演化而来的。比方说，我们用“蜻蜓点水”比喻做事肤浅不深入，这个成语出自杜甫的《曲江二首》：“穿花蛱蝶深深见，点水蜻蜓款款飞。”男孩女孩一块儿长大，叫“青梅竹马”，出自李白的《长干行》：“妾发初覆额，折花门前剧。郎骑竹马来，绕床弄青梅。”女孩子十三四岁，我们说那是美好的“豆蔻年华”，出自杜牧的《赠别》：“娉娉袅袅十三余，豆蔻梢头二月初。”诗中用豆蔻花来形容可爱的小姑娘。

人们使用成语的时候，如果对来历了解得不透彻就很可能犯错。网络上有这样几条新闻标题：“医药卫生专场毕业生炙手可热”“网购炙手可热”“教育地产炙手可热”。“炙手可热”是什么意思呢？是表示热门抢手吗？读一读杜甫的《丽人行》就知道了。这首诗写在安史之乱发生以前，当时唐玄宗宠爱贵妃杨玉环，贵妃的几个姐姐都被封了夫人，堂哥杨国忠被提拔做了右丞相。杨家兄妹过着穷奢极欲的生活。有一年春天，他们去长安城外的曲江边郊游，场面无比壮观：兄妹几个穿着华服，带着无数仆从；一路上笙箫鼓乐不停演奏，宫里的御厨不断送来各种山珍海味。老百姓哪见过这样的架势，纷纷围观，这其中有个人长年客居长安，日子过得很窘迫。他对杨家人的奢靡生活十分不满，就写诗狠狠讽刺了一下。这个人名叫杜甫，那首诗就是《丽人行》。诗的结尾有这样两句："炙手可热势绝伦，慎莫近前丞相嗔！"杨家权重位高，势焰熏天，没有人能与之相比；千万不要走到近前去，免得杨丞相发怒生气。"炙手可热"最早就是形容杨国忠的，后来用以描写那些势大气盛的权贵。至于大学毕业生，不管学的专业有多热门，也不可能骄横跋扈到炙手可热的程度。

读唐诗，可以让我们更准确地理解成语的含义。不过有个现象值得注意，那就是一些成语在运用的过程中意思发生了转变，跟原来在诗句中的意义不一样了。比如"走马观花"这个成语比喻草草观察，不仔细看个究竟，显然是贬义词。"走马观花"出自唐代诗人孟郊的诗句："春风得意马蹄疾，一日看尽长安花。"这首诗叫《登科后》，就是金榜题名之后。孟郊的科举之路真是坎坷，他一共考了三回，直到快五十岁才终于考上。在唐代，中了进士就可以享受皇帝请吃饭、跨马游街的待遇，相当威风。所以孟郊的"走马观花"原本表达的是一种喜不自胜的心情。

还有一个成语，相爱的人都喜欢，那就是"天长地久"。婚纱摄影店、钻石珠宝店都爱用它。可它在唐诗里的意思真叫人伤感，它出自白居易的《长恨歌》:“天长地久有时尽，此恨绵绵无绝期。”《长恨歌》描述的是唐玄宗和杨贵妃之间的爱情悲剧，诗人感叹道：哪怕天长地久，也会有穷尽的时候；这生离死别的绵绵长恨，却永远不会了结。当然，爱情的伟大就在于，不管有多少悲伤的先例，我们仍然坚信自己的那份是坚不可摧的。所以不管“天长地久”是不是神话，有没有穷尽，人们都要将它继续下去。

墨守成规

我们家的小人儿拿“墨守成规”这个成语来问我，说:“妈妈，这个‘墨’字肯定写错了。我默默地守规矩就好了，干吗要用墨水把自己抹黑呢?”我告诉他“墨守成规”的“墨”不是墨水，而是人名，此人叫墨翟，但更多时候我们管他叫墨子。

墨子是战国时墨家学派的创始人。虽名为“学派”，但墨家的成员并不是文弱书生，而是一帮有侠肝义胆的武功高手。墨家学派很像武侠帮派，首领叫“巨子”，弟子对他绝对服从。墨家有自己的帮派准则，“兼爱”和“非攻”是其中最核心的两条。“兼爱”就是爱无差别等级，不但帮派内部“有福同享，有难同当”，对世界上所有人都要不分厚薄亲疏地去爱;“非攻”就是反对侵略战争，倡导和平。

“兼爱”“非攻”听起来很美，是不是?战国时礼崩乐坏，诸侯攻伐不止，你不想打人，但人家偏要打你，怎么办?墨子就带领弟子钻研防守技术，将之推向极致。据说楚国曾聘请名匠鲁班研发出一款新式攻城武器——云梯，打算用它去攻打宋国。墨子一听急了，日夜兼程地跑了十天，赶到楚国，劝说鲁班。鲁班不为所动。墨子说：要打也行，我们先比画比画。怎么比画呢？当然不是赤身肉搏。他们玩起了游戏：墨子解下腰带，摆成一座城，又拿一些小木片作为武器。鲁班则先后使出九种缩微版的进攻器械，但九次都被墨子击退。鲁班的进攻器械全部使完了，墨子的防御手段还绰绰有余。最后，黔驴技穷的鲁班冷冷地说：我知道怎么击败你，不过我不说。气定神闲的墨子淡淡地回答：我知道你知道怎么对付我，但我也不说。旁边的楚王急了：我知道你们都知道，但我不知道，你们得让我知道。墨子告诉他：鲁班想找人杀死我，不过我的三百弟子早已带着我研制的防御器械在宋国的城墙上等着楚国军队了，你们就算杀了我，也赢不了这场战争。楚王摆摆手：算了算了，不打宋国了。可惜战国时期没有诺贝尔和平奖，不然必须颁给墨子，他为解决诸国间争端开创了一条新的道路：打仗不用上战场，让两国的军事工程师在会议室里拿模型比画比画，决定胜负。

“墨守”是墨家的防守术，“成规”是墨家的组织原则。墨家的帮规非常严苛，比如：巨子有令，弟子要无条件服从；弟子做官的唯一目的就是推行墨家的政治主张，如果行不通，就得辞官；弟子做官所得俸禄，必须上缴一部分；等等。在墨家内部，组织规定要高于君主意见。《吕氏春秋》记载，有一个名叫腹䵍的巨子，儿子杀了人，国君说：你年纪大了，就这么个独子，我已经免了他的死罪。可腹䵍并不领情，义正词严地说：“墨者之法曰:‘杀人者死,伤人者刑。’”他狠下心来把儿子处死了。墨家纪律严明,因此“墨子服役者百八十人,皆可使赴火蹈刃,死不旋踵”。这就是“成规”的巨大威力。

“墨守”和“成规”概括了墨家的两大特点。不过墨家的主张并不易行:人有自私之心,故兼爱难为;国有利益之争,故战争难免。墨家的影响力在汉唐以后逐渐式微,而“墨守成规”也不幸沦落为一个贬义词。

曲高和寡

与古典音乐相比,流行音乐可能受更多人喜爱。因为流行音乐立刻便能打动我们,引起当下的快感,跟着哼唱也很容易。而古典音乐则不然,我们必须花费气力,进行一番艰难的学习才能领略其中的妙处,因此要喜欢它绝非易事,正所谓“曲高和寡”。

“曲高和寡”这个成语的来历跟战国末期的一位大文人有关,他叫宋玉,是楚国人,屈原的同乡。和屈原一样,宋玉也是了不起的辞赋家,他创作了《九辩》《招魂》《高唐赋》《神女赋》等楚辞作品。古代人有伤春悲秋的传统,伤春的通常是女子,悲秋的大多是男性。宋玉就在《九辩》的开头大发感慨,说:“悲哉!秋之为气也。萧瑟兮草木摇落而变衰。”由此开创了悲秋的传统。“诗圣”杜甫是宋玉的“粉丝”,曾经发出“摇落深知宋玉悲,风流儒雅亦吾师”的感慨。一般来说,有才的男人不会长得太帅,但宋玉是个例外。上天对他太厚爱了,赋予了他挺拔的身姿、俊美的容颜，他是百分之百的大帅哥。据说宋玉家隔壁住着一位美女，“增之一分则太长，减之一分则太短；著粉则太白，施朱则太赤”。这位巧笑嫣然、倾国倾城的美人对宋玉情有独钟，每天都趴在墙头上偷看宋玉，一连偷看了他三年，可宋玉就是不为所动。

这么一个又帅又有才的人，怎么可能不遭人忌妒呢？果然，很多人跑到楚襄王面前去打宋玉的小报告。楚襄王就把他找来问话：宋玉，你是不是平时不大注意啊？怎么惹出那么多闲言碎语呢？宋玉没有直接回答，而是绕了个弯子，给楚襄王讲了一个故事。有个外地人来到楚国的都城，当街演唱。他先唱了流行歌曲《下里》《巴人》，观众很激动，好几千人跟着他一起唱；接着他又演唱了《阳阿》《薤露》两首格调略微高雅些的歌曲，还有几百人跟着他唱；再后来，他唱起了《阳春》《白雪》，这可是格调相当高雅的歌曲，所以能跟着他唱的观众只剩下几十个了；最后，他把五音的特色调和发挥，唱出了高雅绝伦的歌曲，可是观众听不懂，大部分人都走了，只有两三个人勉强跟着唱。说到这儿，宋玉长长地叹了口气：“是其曲弥高，其和弥寡。”越是高雅的曲子，能跟着唱的人就越少。潜台词就是：像我这样思想深刻、见识高远的人，自然没有多少人能理解。宋玉不愧为大才子，短短几句话就创造了三个成语：下里巴人、阳春白雪、曲高和寡。

虽然曲高和寡，虽然喜欢流行音乐的人比喜欢古典音乐的人多，可再高雅的曲子终究会有热爱者，为什么呢？那些一下子激发我们本能快感的东西，我们也很快会厌恶。流行音乐火得快，消亡得也快，因为所谓“流行”本身就说明它是短暂的。而古典音乐则需要经过艰难的学习才能品味。它是一种修养，这种修养是长期学习积累的结果。古典音乐能带来一种更复杂、更微妙的感受，因此生命力也更为长久。音乐如此，人世往来亦是如此：微信朋友圈里的人成百上千，但称得上知音者一两人便足矣。

三 诗词篇

一个秋日的傍晚，我与友人在杭州西湖畔散步，天阴沉沉的，似乎要下雨。望着远山，我蓦地想起姜白石的那两句“数峰清苦。商略黄昏雨”。当词句在脑海中跳出的刹那，我眼前的景致竟也大不同了：天空酝酿着酣浓的雨意，湖上的山峰清寂愁苦，无可奈何却也有所不甘的情态，真叫人着迷。是了，人们总是倾向于看见那些已经被描述过的事物。世界芜杂纷乱，很多精微美好的细节，若没有诗词的指引，任凭你怎样睁大眼睛，也未必看得见。

现代人的物质生活不会因为多背几首唐诗宋词而有任何改变，但诗词能帮助人们去发现日常生活中被忽略的美。我原以为诗词之“用”就在于此，也仅在于此，直到年岁愈大，涉世愈多，我发现古诗词是可以在实际生活中发挥作用的。而其作用的大小，取决于个人的经历。就如王夫之所说，“作者用一致之思，读者各以其情而自得……人情之游也无涯，而各以其情遇”。“自得”二字道出了读诗的真谛。一首诗，一阕词，都是古人境遇与心思的凝聚，至于后人能得到多少，全凭各自以生命阅历去印证。

风雅《诗经》

《芣苢》：劳作者的朗朗风姿

我从小在城市里长大，对农村生活怀揣着热腾腾的好奇心，因而在读《诗经》的时候，对那些描写乡村劳作的诗歌便格外留心。比如这首《芣苢》：

采采芣苢，薄言采之。采采芣苢，薄言有之。
采采芣苢，薄言掇之。采采芣苢，薄言捋之。
采采芣苢，薄言袺之。采采芣苢，薄言襭之。

它是女子们在田野采集芣苢时所唱的短歌。芣苢是一种草药，多生长于道路两旁和牛车行迹之间，故而又名“车前”。

《芣苢》我虽不会唱，却很爱念它。“采采芣苢，薄言采之。采采芣苢，薄言有之。”声声婉转流利，字字音韵俱足。念着念着，眼前便自然浮现清人方玉润在《诗经原始》中描绘的那一幅清丽画面：“恍听田家妇女，三三五五，于平原绣野、风和日丽中，群歌互答，余音袅袅，若远若近，忽断忽续，不知其情之何以移，而神之何以旷。”

《芣苢》之美源于劳作过程中对自然律动的把握，这种质朴的风味绝不是一个人关在书房里能够雕琢出来的。袁枚在《随园诗话》中就记录了一个文人模仿《芣苢》体时闹出的笑话。此人作了一首关于蜡烛的诗：“点点蜡烛，薄言点之。剪剪蜡烛，薄言剪之。”结果，“闻者绝倒”。西窗剪烛，是文人墨客的风雅情怀，用“采采芣苢”的劳动歌谣来演绎，就像用黄河上的船夫号子来唱黛玉的《葬花词》一般滑稽可笑。

自然中充满了种种奇妙的节奏，大部分劳动者并不会去深究其中的道理，只需凭着直觉和天性去探寻其间张弛的变化。鲁迅先生在《门外文谈》中对民歌的产生做过有趣的揣度：“我们的祖先的原始人，原是连话也不会说的，为了共同劳作，必需发表意见，才渐渐的练出复杂的声音来，假如那时大家抬木头，都觉得吃力了，却想不到发表，其中有一个叫道‘杭育杭育’，那么，这就是创作。”“采采芣苢”自然要比“杭育杭育”高明许多，但两者的本质都是对生命直接而深刻的体悟，对情感率性而天真的表达，这些才是民歌的根源。

采芣苢的女子们采之（采摘）、有之（收取）、掇之（从地上捡起)、捋之(从叶间捋下)、袺之(提起衣襟兜起)、襭之(掖起衣襟兜回家),一件小事做得井然有序,在忙碌中透着一种安定专注的情绪,让人着迷。她们行歌拾草,陶然忘机,这是劳动者才有的朴素与坦荡,是清平世界才有的朗朗风姿。

《甘棠》:心中的素朴丰碑

一位政治领袖若能切实地为百姓谋福利,那么他即便去世了仍然能赢得人民对他深深的敬意。《诗经》中有一首《甘棠》,就是百姓为怀念一位政治家而作:

蔽芾甘棠,勿翦勿伐,召伯所茇。
蔽芾甘棠,勿翦勿败,召伯所憩。
蔽芾甘棠,勿翦勿拜,召伯所说。

甘棠树,高又大,莫剪它,莫砍它,召伯曾宿在那树下;甘棠树,高又大,莫剪它,莫折它,召伯曾歇在那树下;甘棠树,高又大,莫剪它,莫拔它,召伯曾停在那树下。

召伯是谁呢?他姓姬,名奭,是西周的开国功臣。周武王驾崩后,年幼的成王即位,幸亏得到两位贤臣尽心竭力的辅佐。这两位贤臣,一位是周公,另一位就是召伯。召伯深得民心,在他去世之后,百姓爱人及物,连与他相关的树都不忍心砍去。

身为国家重臣,召伯为什么不在庙堂之上,而坐在甘棠树下呢?古代的学者们对此产生了争议。很多人认为他是在树底下

"听讼决狱",也就是现场办案。可是清人方玉润不以为然,他在《诗经原始》中反驳说,召伯既为天子大臣,出去办案自然该坐在衙门里,再不济找间房子总不难,干吗非得在田间地头树下坐着?难不成是要故意博取"爱民勤政"的美誉?倘若召伯真的如此,那么"其伪亦甚矣"!起初我觉得方玉润有点迂,偏要在"决狱"这事上较真,读到一个"伪"字才明白,大概方氏看过了太多打着亲民幌子沽名钓誉的官员,对种种造作的姿态深恶痛绝,所以坚决不信贤德如召公也会如此"作秀"。

"作秀",可以赢得关注,笼络一时之人心;做事,方能赢得尊重,稳固长久之基业。方玉润提出,后人之所以如此珍爱甘棠树,是因为召伯曾经"劝农教稼",他向百姓传授农耕知识,和大伙一起流汗出力,累了就在树下歇息。后人不忍心砍树,是因为它是造福人民的纪念碑。

伟大的功绩就像一棵茂盛的甘棠树,牢牢扎根在人民的心里。正如杜甫的《古柏行》所写,"君臣已与时际会,树木犹为人爱惜",这份朴素绵长的惦念,这份思人爱物的温情,是人民对一位政治家最高的赞美。

《小星》:安之若命,坦然担当

年少时初读《诗经》,总偏爱那些情思缠绵的诗篇:"蒹葭苍苍,白露为霜。所谓伊人,在水一方""关关雎鸠,在河之洲。窈窕淑女,君子好逑""死生契阔,与子成说。执子之手,与子偕老",这些诗句我很早就落落成诵。然而随着年龄渐长,在体味到人世艰辛之后，我便开始留心那些描绘普通人在困苦中打拼的诗作。从《诗经》中的《北门》《东方未明》《鸡鸣》等诗中，我们可以了解三千年前“上班族”的状态。鸡刚打鸣，这人便忙不迭地赶去上班，“东方未明，颠倒衣裳”，慌乱中连上下衣装都会穿错；工作中承受着巨大的压力，“王事适我，政事一埤益我”，上司把累活儿都往他身上推；还有无休止的加班，“不能辰夜，不夙则莫”，不是早出就是晚归，导致大脑的时间系统几近崩溃；尽管拼命苦干，可是“终窭且贫”，依然入不敷出。《诗经》中的这些句子并不优美，它们的魅力来自真实。若只认定看花饮酒、吟风弄月才是诗，便是大错特错。人在社会上不吃苦不流汗，那是不可能的，而人世的困苦艰难无不可以成为诗。

《诗经》中有一首《小星》，以一位出差的小官吏之口道出了生存的不易，也是好诗：

> 嘒彼小星，三五在东。肃肃宵征，夙夜在公。寔命不同。
> 嘒彼小星，维参与昴。肃肃宵征，抱衾与裯。寔命不犹。

诗人为赶行程，天还未亮便已出门，与他相伴的只有天边的星辰。“嘒彼小星”的“嘒”指星星一闪一闪亮晶晶，《说文解字》中解得更有诗意，说“嘒”字从口，是小声说话的意思。深夜宁静，方能听见星星的喃喃低语。诗人睡眼惺忪，开始只见星星“三五在东”，分辨不出是什么星，后来才渐渐看清“维参与昴”，是参星和昴星。别人还在香甜的梦中，他却要离开温暖的被窝，为了公事而匆匆赶路，心中难免郁郁不快，可他没有愤愤地抱怨，只是念叨着“寔命不同”“寔命不犹”，人与人的命运本不相同，随分从时即可，何必怨尤。

这首诗并不难懂，只“抱衾与裯”一句让人有些费解。难道古时候出差的人还得自带被褥？难道那会儿旅馆设施不全？难道是他去的地方太偏僻，还得像“驴友”那样露天歇宿？殊不知“抱”乃古之“抛”字，这句是说诗人因为“肃肃宵征”，抛撇了香香的被窝。唐人李商隐写在朝廷为官的“金龟婿”不得不“辜负香衾事早朝”，也是这么个意思。

诗人说“寔命不同”，虽有委屈，却依然阔达。《论语》里说：“不知命，无以为君子也。”知命，不是消极顺从，而是积极面对，是清楚地认识到：世界极大，能做的事情很多，但我们中的大多数人不是大天才，只能做些小工作。然而只要尽心尽力，承担起这份工作的种种考验，不生妄念，不多抱怨，便对得起这世界了。“寔命不同”，当你不能改变工作，至少可以改变对待工作的态度，该挑水好好挑水，该担当好好担当，该“肃肃宵征”就辛勤赶路，这就是安身立命的根本了。英文里管职业叫“vocation”，意为“上天的召唤”，若能“安之若命”，则即便遇到艰难也能坦然克服，鼓起生活的勇气，充满力量。

《褰裳》：通达也是一种美

有首流行歌曲《爱情三十六计》，有人看到这个名字便不喜：爱情是何等纯洁神圣的情感，怎么能动用心计？爱情的伟大不该否认，但谈情说爱的两个人皆是凡眼尘躯，都有弱点：或懦弱胆小，或犹豫迟疑，或冥顽不化，或心猿意马。当这样那样的问题出现的时候，你若不舍得举手投降、放弃爱情，就必须见招拆招、逢敌杀敌。爱情不同于谈情说爱，前者是我们内心的情感，可以热烈纯粹、毫无杂质，而后者有点儿类似拉锯战，若完全不讲技巧，便可能一败涂地。在《诗经》中有一首《褰裳》，诗中的女孩子在对心上人发起爱情攻势的时候就运用了小小的计谋。

子惠思我，褰裳涉溱。子不我思，岂无他人？狂童之狂也且！

子惠思我，褰裳涉洧。子不我思，岂无他士？狂童之狂也且！

女孩子是郑国人，根据郑国习俗，每年春天，少男少女们齐聚在两条河——溱水和洧水之畔，不过不是去游泳，而是去参加政府特意为他们组织的集体相亲会。在这场爱意融融的聚会上，我们的女主角与河对岸的一个小伙子彼此中意，但小伙子似乎有点儿缩手缩脚，女孩子便直率地唱起了恋歌："子惠思我，褰裳涉溱""子惠思我，褰裳涉洧"。你若爱我想我，就提起衣裳蹚过溱河；你若爱我想我，就提起衣裳蹚过洧河。爱情这种东西，藏在心里看不到，挂在嘴上不牢靠，要是真的爱，就该用切切实实的行动来表白。如果说这是姑娘对小伙子的正面鼓励，下面可就是用反话来刺激了："子不我思，岂无他人""子不我思，岂无他士"。你不想我，难道就没有别人想我了吗？你不爱我，难道就没有别人爱我了吗？"狂童之狂也且"，可真是个傻小子啊！你不珍惜，我便与别的追求者相爱。

《诗经》中描写了许多身处爱情中的女子：有矜持谨慎型的，"仲可怀也，人之多言，亦可畏也"，虽心里念着他，却担心周围人的闲言碎语；有婉约深情型的，"亦既见止，亦既觏止，我心则降"，心上人不在时忧心忡忡，想到即将见到他，悬着的心才安定下来；有为爱憔悴型的，"自伯之东，首如飞蓬。岂无膏沐？谁适为容"，夫君出远门，女子便心甘情愿地沦为黄脸婆，反正打扮了也无人欣赏；有失恋哀怨型的，"耿耿不寐，如有隐忧"，内心深处全是痛苦，伤心得连觉也睡不着。在众多女性中，这个骄傲地宣称"子不我思，岂无他人"的郑国女孩真是异类，三千年前的女子在爱情面前竟能如此泼辣爽利，令人惊奇。你不追我有人追，这并非任性的话，是"多情之语翻作无情"，正因为爱得狂热，才故意用冰冷的话刺激对方。情如用兵，这就是爱情激将法。

这个女子既深情又聪明，更难得的是胸襟豁达。"子不我思，岂无他人"提醒那些为爱痴迷的人——这世上适合与你相伴终生的绝不是前无古人后无来者的异数，于千万人中寻找"唯一"的想法看似浪漫，其实极傻。"天涯何处无芳草"，在爱情中，执着是美，通达又何尝不是一种美？

《蜉蝣》：仅有一天的生命

大约在一千年前的某个秋夜，大文豪苏东坡驾一叶之扁舟与友人同游赤壁，面对浩瀚江水感慨："寄蜉蝣于天地，渺沧海之一粟。哀吾生之须臾，羡长江之无穷。"与奔流不息的江水相比，人实在微不足道，个体渺小得如同大海中的一颗谷粒，生命短暂得仿佛蜉蝣置身天地间。蜉蝣是一种小昆虫，在春夏之交的黄昏时分常能看见它们成群地在水面飞舞，姿态优雅而美丽，不过蜉蝣的生命极其短促，朝生而暮死。别小看了这种小虫子，它在古典诗词中出现的频率相当高，《全唐诗》中有二十六次，《全宋词》里有八次。而它在诗人笔下首次亮相则要追溯到《诗经》里的《蜉蝣》一诗。

蜉蝣之羽，衣裳楚楚。心之忧矣，于我归处。
蜉蝣之翼，采采衣服。心之忧矣，于我归息。
蜉蝣掘阅，麻衣如雪。心之忧矣，于我归说。

此诗共三章，每章均以描绘蜉蝣之美开头："蜉蝣之羽，衣裳楚楚""蜉蝣之翼，采采衣服""蜉蝣掘阅，麻衣如雪"。蜉蝣有一对透明的羽翼，好像一件漂亮衣裳，当它在水面翩翩起舞、被粼粼波光衬托着的时候，有一种令人惊艳的美。苏辙写春游盛景——"魏京饶士女，春服聚蜉蝣"——就以蜉蝣比喻身着盛装的游春男女。

蜉蝣如此楚楚动人，可诗人看到它竟生出忧愁来，反复慨叹："心之忧矣，于我归处""心之忧矣，于我归息""心之忧矣，于我归说"。真是忧伤啊，何处是我的归宿，可令我安息？诗人的忧伤皆因这小虫的短命而来：它虽优美可爱，却朝生暮死；人生再绚烂，终归是"生年不满百"，逃不出"一抔黄土掩风流"的命运。

蜉蝣这个名字很有些趣味。英文中管它叫ephemera，源自希腊文，字面意思是"仅有一天的生命"。它的中文名字则暗含"浮游"之义。"浮"者，漂荡也。《庄子》里说"其生若浮，其死若休"，生时如在水面漂浮，死后方是真正的休息。《楞严经》里亦说"如湛巨海，流一浮沤，起灭无从"，人不过是大海中的一个小泡沫，生也容易，灭也无迹。从《诗经》里的这首小诗开始，历代文人不断地借着这短命的小虫抒发浮生若梦的伤感。储光羲说"人生如蜉蝣，一往不可攀"；白居易道"长生无得者，举世如蜉蝣"；吕岩写"蜉蝣世界实足悲，槿花性命莫迟迟"，朝生暮死的虫儿和朝开夕落的木槿花都是对人生苦短的怅惋。

生命纵如一袭如雪的华袍，死亡随时降临，难免让人产生"心之忧矣"的喟叹。日本随笔集《徒然草》中有一段写死亡威逼的文字，如闪闪利刃，迫人心胸："死非直面迎来，而是由后逼至。人皆知有死，却不知死之将临，往往尚未有备，死已悄然袭来。犹如海边沙滩，望之辽阔，转瞬潮水已冲到脚边沙石。"

有人在对死亡的畏惧中生出虚空之念来，可是别忘了，蜉蝣的生命虽短，但它不曾有丝毫懈怠：成蛹、长翅、破土、恋爱、交尾、产卵、死亡，几个时辰里却活得踏踏实实、忙忙碌碌，根本没有时间哀叹“譬如朝露，去日苦多”。“浮游”的“浮”是漂荡，“游”字却是远行之义。“人生天地间，忽如远行客”，“忽”是短暂，“行”是坚定，认识到生命的浮脆，我们才能不执迷不虚妄，但还得像蜉蝣一样，摆脱朝生暮死的哀伤，抱着朝闻夕死的无悔，一步步地走出自强不息的路来。

光阴如梭

除夕：年年年尾接年头

年前有位朋友问我有没有好春联，我便想起了明末清初大才子金圣叹的一副对子。据说某个中秋夜，金先生把酒对月，心有所动，得出了上联“天上月圆，人间月半，月月月圆逢月半”，可下联怎么对呢？想来想去一筹莫展。待到大年三十晚上，还是他自己对上了，“今夜年尾，明日年头，年年年尾接年头”。

这只是个文字游戏，未必多么高明，但我对“年年年尾接年头”这句格外喜欢，读来大有光阴流转、岁月如梭之感。年尾是大年夜，旧岁的终了；年头是正月初一，新岁的开端。立在新旧交替的门槛上，我恨不能也像孔老夫子到川上去吼一声“逝者如斯夫，不舍昼夜”。

大年三十的学名叫“除夕”，这个名字很有趣。民间传说把“夕”形容成大怪兽，《吕氏春秋》里说新岁前一日，人们“击鼓驱疫疠之鬼，谓之逐除，亦曰傩”。“除夕”就是驱除恶魔，民间的想象力真是好玩。可如果要为“除”字找个更古雅的出处，就该追溯到《诗经》里的《蟋蟀》一诗：“蟋蟀在堂，岁聿其莫。今我不乐，日月其除。”蟋蟀本在野外蹦跶，但天气渐冷，就会跑到室内来。蟋蟀在堂屋，提醒人们一年即将结束，若不及时行乐，时光便一去不复返了。“日月其除”的“除”是光阴逝去之义。我们在除夕夜全家团聚，共享美酒佳肴，一起娱乐，便是要抓住光阴的小尾巴，纵情欢乐一番。

除夕也要守岁，过了十二点这个新旧年交替的时刻才能睡。可不同的人守岁的心情是不一样的。宋代诗人梅尧臣在《除夕与家人饮》一诗里说：“稚齿喜成人，白头嗟更老。”小孩子要长一岁，离成年又近了一步，自然欢喜雀跃；可上了年纪的人难免对生命流逝感慨良多。白居易在临近六十岁那年的除夕夜作诗留念：“病眼少眠非守岁，老心多感又临春。火销灯尽天明后，便是平头六十人。”他不是因为守岁不睡，是岁数大了加上感触多，所以睡不着；今夜一过，他可就是整整六十岁的人，哪能不感触万千呢！还有一位唐代诗人顾况说：“不觉老将春共至，更悲携手几人全。”春节意味着春天的到来，可同时来临的还有疾病和衰老。“年年岁岁花相似，岁岁年年人不同”，在这个喜庆的日子里，猛然惊觉身边的人事变迁，很难欢乐起来。

大过年的不说些“芝麻开花节节高”之类的讨喜话，却来吟诵这些没什么年味的诗有点儿煞风景。我们挽不住时光的脚步，也不能一味颓唐，总要拿出些积极的样子来。古人倒是提供了两条纾解的途径。一是如宋人扬无咎在《双雁儿·除夕》里说的："劝君今夕不须眠。且满满，泛觥船。大家沉醉对芳筵。愿新年，胜旧年。"觥船是盛酒的器皿，我们不妨浮上一大白，好好享受今宵之乐，然后怀揣美好的愿望，大踏步地迈入新年。不管老少，人总可以努力把当下的日子过好。二是学学苏东坡，他在《守岁》诗里写道："明年岂无年，心事恐蹉跎。努力尽今夕，少年犹可夸。"过了今夜还有明年，时间虽说够用，可若虚度，只怕消磨的不只是岁月，更是壮志雄心。何必等到年头立新年愿望，在旧年的小尾巴上就该振作精神，发奋起来。

清明：遥指杏花村

古往今来吟咏清明的诗词不计其数，如果做一张清明诗词流行排行榜的话，打头榜的肯定是这首：

清明时节雨纷纷，路上行人欲断魂。
借问酒家何处有，牧童遥指杏花村。

人们通常认为此诗是唐代诗人杜牧所作，也有学者质疑这一观点，理由是杜牧去世后唐人编撰的几部诗文集都没有收录这首诗，它一直到南宋末年的《千家诗》中才突然出现并且毫无理由地归在了杜牧的名下。然而，不管这首诗是不是杜牧写的，都不会影响它的人气，原因就在于它的艺术魅力。

“清明时节雨纷纷”，清明是二十四节气中的第五个，在每年的4月5日左右。此时春暖花开，气清景明，可雨水也会比较多。韩愈《早春》中的雨是温情脉脉的：“天街小雨润如酥，草色遥看近却无”；杜甫《春夜喜雨》中的雨是宁静欢乐的：“随风潜入夜，润物细无声”；李后主《浪淘沙·帘外雨潺潺》里的雨是孤寂伤感的：“帘外雨潺潺，春意阑珊”。同样的春雨为什么会蕴含着不同的情绪呢？用王国维先生的话说，“一切景语皆情语也”，人有什么样的心境，眼前便会有什么样的景色。在这首诗里，诗人只用了两个字来形容春雨：“纷纷”。“纷纷”是雨丝风片不住地袭来，“纷纷”也是诗人在这个时节里凄迷纷乱的心绪。

“路上行人欲断魂”，“欲断魂”是一种悲伤至极的心理感受，其中有迷茫，有痛苦，有煎熬。诗里并没有说明“欲断魂”的原因，而是给读者留了揣测的空间。“黯然销魂者，唯别而已矣”，分离总是令人伤感的，这种分离可能是天人永隔：清明前后人们通常会祭扫先人之墓，想起已经不在人世的亲友，内心难免惆怅。除了死生契阔的别离之外，生命里还有一种分离同样令人悲伤，所谓“悲莫悲兮生别离”，明明都在世上，却天各一方，不能相聚。出门在外的行旅之人本就孤独，又逢上淫雨霏霏，心情更加凌乱。“清明时节雨纷纷”，这句写景；“路上行人欲断魂”，这句写情。情景交融，把读者带入了一种忧愁伤感的气氛里。

人生在世，愁苦忧伤的情绪总会来打扰我们的心灵。可我们不能任由自己沉溺在悲伤里，总要想法子排解，总要在“欲断魂”的绝望里开辟出些许希望来。于是诗人便“借问酒家何处有”，找个小酒馆，喝上一两盏，暖暖被雨打湿的衣裳，也消消内心的苦闷。那么他向谁问路呢？这句诗里没说，可我们读完下一句就知道了，“牧童遥指杏花村”。诗人向牧童问路，牧童如何回答我们不得而知，因为诗人只描写了他的动作——用手遥遥一指。这“指”字用得真好，胜过千言万语。人生在困顿迷茫中就需要这样的一指，这“指”字里蕴含着一种冲破忧愁的力量。

这首诗题目叫《清明》，当然可以作为一首描绘清明的诗来读。可在我看来，这首诗还表达了生命的某种情境：“雨纷纷”是来自周遭世界的种种烦恼，“欲断魂”是紧逼内心的痛苦感受，“借问”是为求出路的寻寻觅觅，而“遥指”则叫人看到了柳暗花明的转机。“杏花村”呢？这三个美丽的字充满了诱惑，它或许是间酒家，或许是个村落，又或许是带给我们温暖慰藉的一个希望。

端午：不图系腕，图系人肠

小的时候，每逢端午，外婆会在我的手上系一个手环，是用青、白、红、黑、黄五种颜色的丝线编织而成的。我一直以为这是外婆为我特制的首饰，小孩儿嘛，用钻石珠宝不合适，五彩斑斓的丝线好看又便宜。后来长大了才知道，原来这小小的五彩丝手环寄托着外婆对孙辈的祝福：希望小外孙能无病无灾、健康平安。

端午节戴五彩丝，这个习俗的历史非常久远。汉代文人应劭在《风俗通义》中就写道：“五月五日，以五彩丝系臂，名长命缕，一名续命缕，一名辟兵缯，一名五色缕，一名朱索，辟兵及鬼，命人不病瘟。”端午这天，人们会在手臂上系五彩丝线，这种丝线有好几个名字：从颜色着眼，可以叫作五色缕、朱索；从延年益寿的角度看，可以叫作长命缕、续命缕；从躲避兵灾着眼，又可以叫作辟兵缯。它的主要功能就是避免兵灾、鬼魂的骚扰，防止瘟疫。由此可见，古人在五月五日这天戴五彩丝，不是为了庆祝节日，而是为了驱灾辟邪。

阴历五月五日在历史上最早并非喜庆的节日，相反，它是一个相当不吉利的日子。早在先秦时期，五月就被看作“恶月”。因为五月正处仲夏时节，天气燥热，各种蛇虫纷纷出动。古时候没有空调，医疗条件也差，瘟疫特别容易流行。五月是恶月，五月五日就更糟了，是恶日。既然五月五日是恶月恶日，自然要想些办法来消灾避难才行。古人就把五色丝线挂在门上，或是系在手臂上驱邪。不过并非随便什么颜色的丝线都行，必须是青、白、红、黑、黄五种颜色。古人会把颜色和阴阳五行联系在一起，这五种颜色分别代表木、金、火、水、土，同时分别象征东、西、南、北、中，蕴含着五方神力，可以驱邪除魔、祛病强身。

五彩丝是端午节的重要物品，就拿宋代来说，在一百多首端午词中，五彩丝出现了将近五十次，比粽子的频率还高。我们且来看看蔡戡的这阕《点绛唇·百索》：

纤手工夫，采丝五色交相映。同心端正。上有双鸳并。
皓腕轻缠，结就相思病。凭谁信。玉肌宽尽。却系心儿紧。

原先代表着驱灾辟邪的五彩丝到这里发生了浪漫转型，成了传达相思之情的信物。不只蔡戡，在绝大多数宋代词人的笔下，五彩丝都是爱情信物。一来，这是因为随着社会的进步，端午节渐渐从禁忌中解放出来，娱乐的成分越来越多，而五彩丝也越来越美观，成为女孩子的装饰物；二来，“丝线”的“丝”和“相思”的“思”同音，而且它是系在手臂上的，这个系的功能就让很多女子联想到以此来系住心上人的心。张耒的《失调名》词里也有类似的表达：“手把合欢彩索，殷勤微笑殢檀郎。低低告，不图系腕，图系人肠。”

端午佩戴的五彩丝最初是为了辟邪祈寿，后来慢慢演变成爱情信物。别看这只是个小东西，却可以折射出民俗的特质：一个节日的某些民俗形式在世代传承中，内涵会不断地丰富。民间利用这些形式，各求所需，各表心意。

中秋：最懂明月是东坡

诗人与明月有着不解之缘。就拿李白来说，他为明月书写了许多诗篇：想家时“举头望明月，低头思故乡”；孤独时“举杯邀明月，对影成三人”；激动时“俱怀逸兴壮思飞，欲上青天揽明月”。李白对明月的爱是直接的、感性的、浓烈的。相比而言，苏东坡对于明月的情感则要理性得多，即便在皓月皎洁的时候，他也会发出“此生此夜不长好，明月明年何处看”的感慨，知道人生就如明月，不可能总是圆满。我一直觉得，在中国的诗人里，李白是最爱明月的，但东坡是最懂明月的。正因为懂得，他才可以把明月作为生命的一种支撑。

北宋熙宁九年（1076年）的中秋，在山东密州为官的苏东坡与朋友们“欢饮达旦，大醉”。面对头顶的皓月，他思念起六年未曾见面的弟弟苏辙，便趁酒兴写下了咏月的名作《水调歌头·明月几时有》：

明月几时有？把酒问青天。不知天上宫阙，今夕是何年。我欲乘风归去，又恐琼楼玉宇，高处不胜寒。起舞弄清影，何似在人间？

转朱阁，低绮户，照无眠。不应有恨，何事长向别时圆？人有悲欢离合，月有阴晴圆缺，此事古难全。但愿人长久，千里共婵娟。

苏东坡把青天视为好友，把酒相问：月亮啊，你是什么时候开始出现的？这与李白的“青天有月来几时？我今停杯一问之”有异曲同工之妙。不过李白仅仅是问，苏东坡还想飞向月宫。

“我欲乘风归去，又恐琼楼玉宇，高处不胜寒。”“欲”是愿望，当人间种种经历令他灰心失望的时候，他也想过要“乘风归去”，去月宫中寻一片清凉国土。然而理智告诉他“又恐琼楼玉宇，高处不胜寒”，理想中那样一个至真至纯的世界固然美好，但未必是有血有肉的平凡人可以托身之所。“起舞弄清影，何似在人间。”我们还是要扎根在滚滚红尘里，去承担我们应当承担的一切，不害怕肮脏，不畏惧挫折。人的伟大就在于既有崇高超脱的精神追求，又脚踏实地地活在现实里，该淌汗就淌汗，该流血就流血，该担当就担当。

“转朱阁，低绮户，照无眠。”月光在朱楼雕窗间流转，照着夜不能寐的人，之所以无眠是因为心里有所牵念。“不应有恨，何事长向别时圆？”月亮哪里懂得人的愁苦呢？我们饱尝相思之苦的时候，它却依旧圆满。东坡想念弟弟，可他毕竟是个旷达的人，他晓得“人有悲欢离合，月有阴晴圆缺”，合少离多、顺逆交替是自古而然的规律。有一位师长曾经对我说，人要想活得幸福，有两门学问一定要了解，一是历史，二是天文地理。了解历史就会明白成败荣辱是人生常事，懂得一些天文地理就知道万物无时无刻不在变化当中。与浩瀚的宇宙相比，人何其渺小，更要学会随顺处之。

东坡以通彻的智慧洞悉了“此事古难全”的规律，洞悉之后不是消极颓唐，而是选择更加积极地面对生命。“但愿人长久，千里共婵娟。”别离虽然难以避免，但我们可以祝愿亲人爱人身体康健，可以努力让亲情爱情缠绵久长；哪怕远隔万水千山，我们可以仰望同一轮明月，借月光让彼此的心灵紧紧相连。“但愿人长久”是要突破时间的局限，而“千里共婵娟”则是要打通空间的阻隔。这句话是对普天之下经受离别之苦的人最贴心的慰藉。

东坡与明月的这次对话里有深情，也有理趣。它让我们懂得：每一个生命都必须面对自己的阴晴圆缺，我们应该学会让月光入怀入心，在它的映照下，不断地完成生命的蜕变与成长。

重阳：登高思旧友

怀念亲朋好友是中国人在每个传统节日里不变的心事，文人墨客更是将这份思念写进了诗篇词作中。就拿重阳节来说，今人提到重阳节，大概都会联想到秋游、登高、赏菊、敬老等习俗，会觉得这是一个很欢乐的日子，可读读古人的重阳诗词就会发现，其中有不少是带着伤感的思亲怀友之作。

王维的《九月九日忆山东兄弟》便道出了浓烈的怀念之情：

独在异乡为异客，每逢佳节倍思亲。
遥知兄弟登高处，遍插茱萸少一人。

“独在异乡为异客”，一句诗里用了两个“异”字，含义并不相同：“异乡”的“异”说明诗人远离故土，是空间之异；“异客”的“异”则流露出诗人内心的落落寡合，是精神之异。这两个“异”字道出了漂泊之人共同的艰辛：无论是身体还是心灵都要努力适应陌生的环境，遭遇的冷落挫折无人分担，偶有的欢欣喜悦也无人分享。“异乡”“异客”的孤独感在重阳这样的佳节格外强烈。

唐代诗人朱庆餘在旅途中度过了重阳节：

一岁重阳至，羁游在异乡。
登高思旧友，满目是穷荒。

草际飞云片，天涯落雁行。

故山篱畔菊，今日为谁黄。

回想过去的重阳节，和朋友们一同登高饮宴，何等欢乐惬意，如今孑然一身，登高远眺，满目穷荒，他暗暗追问："故山篱畔菊，今日为谁黄。"这两句与王维的"遥知兄弟登高处，遍插茱萸少一人"有异曲同工之妙，都是站在异乡的土地上幻想故乡的情景：那里的菊花依旧灿烂，亲爱的友朋仍会携手登高，这样的良辰美景却独独撇下我一人。菊花当然不会在意自己为谁绽放，友朋也未必会意识到某个人的缺席，而独处异乡之人却对此格外敏感，无论是"为谁"的追问，还是"遥知"的笃定，透露出的都是诗人的一片痴情。

当然，异乡的重阳节并不都是那么寂寞凄凉，北宋词人晏几道就在汴梁度过了一个热闹繁华的节日。他在《阮郎归·天边金掌露成双》中写道：

天边金掌露成双。云随雁字长。绿杯红袖趁重阳。人情似故乡。

兰佩紫，菊簪黄。殷勤理旧狂。欲将沉醉换悲凉。清歌莫断肠。

"绿杯红袖趁重阳。人情似故乡"，绿杯里盛着美酒，还有红袖佳人相伴，异乡的朋友情深意重，对他照料得很是周到。尽管在异乡毫无被冷落排斥的遭遇，可心底牵挂的仍是家乡。“人情似故乡”的“似”里饱含深意：一面是感激汴梁友人的盛情，另一面也暗示这里再好也只是像，却不是自己心心念念的故乡，所以词人只能“欲将沉醉换悲凉。清歌莫断肠”。在孤独凄凉中思亲怀友固然可怜可哀，但在繁盛喧闹中不时偷偷冒出来的思念更加折磨人。

在重阳怀念亲友的诗词中，我特别喜欢唐人韦应物的这首《故人重九日求橘书中戏赠》：

> 怜君卧病思新橘，试摘犹酸亦未黄。
> 书后欲题三百颗，洞庭须待满林霜。

“怜君卧病思新橘，试摘犹酸亦未黄”，诗人与好友分隔两地，在重阳节那天收到友人的一封信，说自己病了想吃橘子，当时橘子还没成熟，但为了满足朋友的要求，诗人还是去摘了。“书后欲题三百颗，洞庭须待满林霜”，他将橘子寄给友人，并附了一封信，信里提到东晋王羲之曾给朋友送橘子并写了一封短信：“奉橘三百枚，霜未降，未可多得。”这是书法史上有名的《奉橘帖》。诗人说他想和王羲之一样给友人送去三百颗橘子，可惜现在还办不到，等霜降后再努力吧。诗虽小，却别致委婉地流露出友情之贴心。它也告诉我们：中国人的传统节日从来不会停留在表面的浮华热闹，其中总包含着人情的温暖与厚重。

四 绘画篇

阅读它，就像听作者亲自跟我们聊天。她谈绘画，说掌故，娓娓道来，既生动，又有趣，我们一下子就给迷住了。听她边穿插历史事实，边引导我们观赏作品，语气是那么亲切，讲解是那么耐心，即使对艺术再陌生，再有隔阂，一时欣赏不了那些作品，有了这番经历，有了对古代文物、对艺术传奇的初步了解，也说不定从哪天起就真的喜爱上了艺术。

那些听着她的美妙谈论，高兴得忘记了时光已从身边悄悄溜走的人，掩卷之余，很可能会不知不觉地得出一个惊人的结论，就像艾略特讨论娱乐读物时所下的断言：正是我们为娱乐而进行的阅读，正是读起来最不费力的作品，对我们可能产生最大、最料想不到的影响。

——范景中

多样的形态

《马王堆一号墓T形帛画》

人终有一死，死了以后会怎样呢？有人认为“死去元知万事空”（陆游，《示儿》），身体化灰化尘，灵魂随之幻灭。还有人认为死亡意味着灵魂离开躯体，到另一个地方继续它的旅程。中国人在人死时会说“某人过去了”，这不仅仅是礼节上的避讳和语言上的禁忌，而且是在潜意识里觉得逝者迈过了生与死的门槛，去了另一个世界。那个世界究竟是什么样的，不同时代、不同地方的人有不同的看法。在长沙马王堆汉墓出土的一幅帛画里（图4-1），我们可以窥探到西汉初年人们的死亡观念。

这幅帛画呈T形，全长205厘米。我们可以分三层来看，最

图4-1
[西汉]《马王堆一号墓T形帛画》 绢本设色 长205厘米 上端宽92.0厘米 下端宽47.7厘米 1972年于湖南长沙马王堆一号汉墓出土 湖南省博物馆藏

上面的部分描绘的是天界。右边有一轮红日，古人相信太阳中住着一只乌鸦，它站立在扶桑树上。左边有一弯新月，月中住着蟾蜍和玉兔。在日月的中间端坐着人首蛇身的天帝。中间的一层画的是人间的景象。一位体态丰满的妇人拄着拐杖侧身而立，三个侍女追随其后，两个小吏跪地迎接。在这组人物的下方是盛大的祭祀场面：供桌上有酒有肉，七个人恭敬地在桌旁拱手而立。在帛画最下层的部分有一个大力士，他双手托起大地，脚踩两只巨鳌。他的四周还有各种面目狰狞的怪兽，这第三层就是阴曹地府了。

这幅华丽的帛画原本铺盖在一位贵妇人的内棺上，她是西汉长沙国丞相的妻子，名叫辛追。这幅画与同一地区出土的战国楚帛画《人物御龙帛画》《人物龙凤帛画》一样，都是丧葬的一部分——铭旌。铭旌有两大功能，先是悬挂在追悼仪式上，供生者表达哀思；然后葬入墓中，作为亡者的替代物，象征他们在另一个世界里的永恒存在。也就是说，马王堆帛画上那位华贵庄重的妇人正是墓主人辛追。从画面的一些细节，比如妇人手中的杖（墓中出土了类似的物品）、华丽的服饰等等，可以看出画家刻意将图像与具体的人物辛追联系起来。

辛追的遗体保存得非常好，在地下沉睡了两千多年，依然形体完整，皮肤润泽。这或许会让人联想到古埃及的墓葬观念。古埃及人相信，如果灵魂要在阴间继续生存，就不能不保留遗体。但这还不够，如果法老的肖像也保留下来，就能加倍确保他会永生。于是雕刻家用坚硬的花岗岩雕成法老的头像，放入墓中。法老的灵魂试图借助雕像永生，辛追的灵魂同样希望借助帛画获得不朽。

马王堆帛画中所有的形象皆用墨笔勾勒而成，轮廓十分清晰。这与两幅战国楚帛画的表现手法相同，也是整个中国传统人物造型的基础，通常称为“白描”。不过马王堆的画工在技法上更胜一筹，采用了石青、石绿、朱砂、赭石等色泽鲜艳、质地厚重的矿物质颜料，制造了强烈的色彩对比。从构图来看，马王堆帛画比战国楚帛画要复杂得多，借助盘龙和神话动物的穿插配置，把天上、人间和冥界这三部分有秩序地组织在了一起。从中我们可以一窥汉代先民想象中的宇宙空间。

在辛追的墓葬中还出土了上千件日用品，家具、饮食器皿、寝具、乐器等应有尽有，还有舞者、乐师、侍女、随从等模样的人俑，以及十种粮食和二十多种不同的肉制品。这简直是超级豪宅的配置。显然，汉代人并不认为死去就万事空了，而是把坟墓看作亡者的幸福家园。马王堆的帛画在宇宙的背景下描绘了死亡，也寄托了重生的愿望：辛追将生活在地下的永恒家园。在那里，她可以享受到生前享受的一切，也能像生前一样得到天上、地下的诸神对她的关照。

和林格尔汉墓壁画之《乐舞百戏图》

想要了解历史，除了阅读文字史料之外，还有一条重要的途径——观看图像。在书面档案非常缺乏或者根本不存在的历史时期，图像几乎是唯一的证据：我们通过半坡彩陶上的图案推测

图4-2 ［东汉］《乐舞百戏图》 壁画 80厘米×110厘米
1971年于内蒙古和林格尔汉墓出土 内蒙古博物院藏 （孔群摄影）

新石器时代先民的生活，借助岩石上的绘画窥探原始狩猎部落的心理。即使在文献丰富的社会，图像仍是宝贵的证据。有的时候一幅绘画透露的信息胜过千言万语。比方说，杂技在中国的历史很悠久，汉代时称为“百戏”。百戏具体有哪些项目？表演形态又是什么样的？在东汉的壁画《乐舞百戏图》（图4–2）中就有生动直观的展示。

画面的中央绘有一面大鼓，两边各有一个人，手执鼓槌，使劲擂击。在咚咚的鼓声中，精彩的表演拉开了序幕。一个人轻松自如地将五个球轮流抛向空中，这叫“弄丸”；一个人跳跃着将宝剑抛向空中，再用手抓住，这叫“飞剑”；一个人两脚立在踏鼓上，把一个沉重的车轮抛向空中，这叫“舞轮”。再来看一个惊险项目：一个人仰卧在地上，头向后仰，口中含着一根木杆，木杆上装一根横木，横木中央骑着一个童子模样的人，横木的两侧还各有一个人，呈反弓倒挂姿势。这叫作“童技”，据说是模拟农村孩子爬树摘果子而编排的。在画面的最前方有几张摞在一起的几案，表演者倒立其上，这叫作“安息五案”。安息是波斯，也就是今天的伊朗。汉代疆域辽阔，通过丝绸之路与西方国家开始了交流，这种杂技应该是从波斯传来的。

在画面的右边有九位乐师，有的弄箫，有的吹笙，有的吹埙，有的弹瑟，为表演者伴奏。在画面的上方，一对男女在音乐声中翩翩起舞：男子梳着高高的发髻，赤着胳膊，体态雄壮；女子手执飘带，夭矫凌空，身姿婀娜。由此可见，在汉代，杂技和歌舞往往混合在一起表演，并有器乐伴奏。

《乐舞百戏图》中人物虽然繁多，但几乎都是独立地放置在中性的背景上，但对舞的男女（图4–3）却是例外。画家以两种方法将人物连贯在一起：一是通过两人表情的交流，二是通过默契的舞蹈动作和彼此呼应的身体姿态。根据中国的绘画传统，画家几乎不可能对着真实的场景写生，这幅画显示出了细致观察取得的效果。

《乐舞百戏图》是位于内蒙古和林格尔的一座东汉墓葬中的壁画。墓的主人是汉帝国派驻边疆的一位军政大员。如果这

图4-3 《乐舞百戏图》(局部)

座墓没有发掘，我们永远不会看到这幅壁画。换句话说，除了亡者的魂灵之外，它无意给其他人观看。汉代人认为人死之后会住在阴间的家园，在那里亡者将继续享受类似人间的美好生活。一个人住太寂寞，在遥远的上古时期，有权有势的人死后会让奴隶陪葬。这种行为过于残忍，于是艺术就来帮忙，用图像代替活生生的人。在和林格尔的壁画中有繁华的城市(图4-4)、富庶的庄园(图4-5)、肥壮的战马、威武的军队、挂满鸡鸭鱼肉的厨房(图4-6)，还有战士、农夫、奴仆、厨子等各类人物形象，它们将确保墓主人的灵魂在另一个世界过着衣食丰足的生活。光有物质享受还不行，还得有娱乐，于是杂技歌舞的场面也被绘制在了墓室的墙壁上。在《乐舞百戏图》的左上角有一组观看表演的人，身着红衣的墓主人就坐在中间，永远兴致勃勃地欣赏着精彩的演出。

图4-4 ［东汉］《宁城图》 壁画 120厘米×130厘米
1971年于内蒙古和林格尔汉墓出土 内蒙古博物院藏（孔群摄影）

图4-5 ［东汉］《庄园图》 壁画 1971年于内蒙古和林格尔汉墓出土
内蒙古博物院藏（孔群摄影）

图4-6 ［东汉］《庄园厨炊图》 壁画　1971年于内蒙古和林格尔汉墓出土
内蒙古博物院藏 （孔群摄影）

《荆轲刺秦王》画像石

汉代有一句古诗，“人生忽如寄，寿无金石固”（《古诗十九首·驱车上东门》），意思是说：人生在世就像寄居在旅馆中，没有多少时间便要离开；人寿命短暂，不似金石那样久长。“金”指青铜器，“石”是石头，古人知道躯体的衰老和死亡无法抗拒，希望借助这两种坚固的材质使自己的思想或灵魂获得不朽。于是他们在青铜器和石碑上凿刻文字，流传后世。在汉代，有一种绘画就是刻在石头上的，叫作“画像石”。这种石头是墓室、祠堂的建筑构石，人们在石头上雕刻图画，除了装饰之外，也传递某种观念。

我们今天常通过拓片去欣赏这些画像石。拓片的大致过程是这样的：先用宣纸蒙在画像石的表面，再用拓包蘸墨汁轻轻拍打，这样就可以把石头上凹凸不平的图案和文字复制到纸上了。一块画像石可以拓好多张拓片，就像盖图章一样，一枚图章可以在纸上印出好几个相同的图案来。拓片可以说是版画的前身！

这是画像石《荆轲刺秦王》的拓片（图4–7）。这个悲壮的历史故事在《史记·刺客列传》中有详细的叙述。荆轲是一位文武双全的侠客，燕国的太子丹对他十分礼遇。当时处于战国末期，秦国势力日益强大，兼并了许多国家。在灭了赵国之后，又逼近燕国的边境。太子丹谋划刺杀秦王，荆轲为报其恩德，毅然承担起刺杀的任务。他以燕国使者的身份，带着副手秦舞阳出使秦国，假意要向秦王献上两件宝物——一是秦国叛将樊於

图4-7 ［东汉］《荆轲刺秦王》 画像石（拓片）
山东嘉祥县南武宅山出土　武氏墓群石刻博物馆藏

期的首级，二是燕国最富庶城池的地图。到了秦王的殿前，荆轲捧着樊於期的首级，秦舞阳捧着地图匣子，次第而进。面对威严的秦王，秦舞阳脸色突变，害怕得发抖。荆轲则神色自若地接过地图，向秦王展示。就在地图展到尽头的刹那，藏在里面的匕首露了出来，荆轲拿起匕首刺向秦王，却误中了铜柱。成语“图穷匕见”说的就是这个典故。

这块画像石上描绘的就是整个故事中最惊心动魄的一幕：插着匕首的铜柱将画面一分为二，左侧是绕柱逃跑的秦王，右侧是被秦国宫廷武士拦腰抱住的荆轲和胆战心惊地伏在地上的秦舞阳。在铜柱附近的地上有盛着樊於期首级的匣子和一截斩断的衣袖。画家抓住了人物最具代表性的姿态，加强了人物间的呼应关系，使画面充满了扣人心弦的紧张感。

这幅《荆轲刺秦王》刻在东汉晚期的一座家族祠堂——武梁祠的西壁上。在它附近还刻有春秋战国时期其他五位著名刺客的故事。祠堂的主人为什么要选择行刺者的故事作为建筑装饰呢？这些刺客有一个共同特点——不惜牺牲自己的生命去消灭极其强大的敌人，他们刺杀的对象既不是他们的私敌，也并非绝对意义上的坏人，而是他们恩人的仇敌或对手。一旦受人恩德，便以身家性命相报，这种英雄主义行为在汉代备受推崇，司马迁在《史记》中专为刺客立传，而武梁祠的主人则将他们的故事刻在石头上，表达对“士为知己者死”这种任侠精神的激赏。

画中的人物都是程式化的，如果没有旁边的说明文字（这叫作“榜题”，是中国画题跋的前身），要辨明人物身份恐怕颇费脑筋。但这并不是因为画家的技巧不够好，而是由他的任务决定的。就像中世纪欧洲将《圣经》故事雕刻在教堂石壁上的工匠一样，他的目标不是把人物表现得跟真实所见的一样，而是把故事叙述得更令人感动和信服。对画家而言，观者对情节应当非常熟悉，能借助画面毫不费力地联想到整个故事的来龙去脉，并从中汲取精神力量。

传世的名作

顾恺之《洛神赋图》

东汉建安二十五年(220年),一名才高八斗的男子在路过洛水的时候,邂逅了洛水女神。女神在烟波浩渺的水上飘忽徘徊,优美绰约的风姿令才子心神荡漾。可惜人神殊途,这注定是段没有结果的爱情。在与女神依依不舍分离后,情思恍惚的才子提笔撰文,纪念这次美丽的相遇。才子名叫曹植。这篇文章就是流传千古的《洛神赋》。

若干年后,一位大画家读到了《洛神赋》,一种荡气回肠的感动在他心中翻涌。画家决定用画笔再现这篇优美的文字。于是,又一幅旷世名作诞生了——这就是顾恺之的《洛神赋图》。这幅画的原作早已佚失,不过后来的很多画家都临摹过它。其中北京故宫博物院收藏的宋代摹本保存得最为完好（图4-8）。

《洛神赋图》是一幅长长的手卷，和顾恺之的另外两幅传世作品《女史箴图》《列女仁智图》形式一样。不过它与那两幅作品有个很大的区别。就拿《列女仁智图》来说，长卷里包含了好几个故事场景，一个场景描绘一位杰出女性，场景间彼此独立，没有关联。而《洛神赋图》中的场景却是递进的，按时间顺序描绘了整个故事：水边相遇、心生爱恋、人神殊途、黯然离别、怅怅回望。当你从最右端将画卷缓缓打开，这动人的一幕幕就会次第展现在你的眼前，仿佛观看一场爱情电影。据说，这种用连续的图画讲故事的方式是中国画家从印度的佛教绘画中学来的。没有什么比连环画更适合表现佛祖的生平故事了。

在《洛神赋图》中，画家按照故事情节把画面分隔成一系列空间单元。他采用的间隔元素很特别，是山石树木。在中国传统绘画中，最独特最辉煌的成就属于山水画。可是，跟人物画相比，山水画起步很晚，而且最初是作为人物画的背景而存在的。这幅画中小山、岩石、树丛看上去幼稚古朴，大小不成比例。它们的主要作用是分隔故事情节，或者烘托中心人物。画家关心的大概还是故事本身吧。独立存在的山水画要在后世才出现。

如果你留心的话，会发现在描绘曹植和洛神邂逅的一段画中出现了一些奇怪的物象：飞鸟、巨龙、菊花、松树、太阳、月亮，还有莲花。还记得曹植在《洛神赋》里是如何赞美女神的吗？她的形影“翩若惊鸿，婉若游龙”；她容光焕发如秋日下的菊花，体态丰茂如春风中的青松；她时隐时现“若轻云之蔽月”，浮动

洛神赋第一卷

图4-8
[东晋] 顾恺之
《洛神赋图》(北宋摹本)
绢本设色
27.1厘米×572.8厘米
北京故宫博物院藏

飘忽“若流风之回雪”；远远望去“皎若太阳升朝霞”，近而视之“灼若芙蕖出渌波”。这一系列的比喻让顾恺之犯难，他想了个简单的法子，将文字转化为直观的形象：“翩若惊鸿”就画两只鸟，“婉若游龙”就画一条龙，这样的图示手法虽然稚气，倒也可爱。

中国的人物画里从不缺少女性的身影。不过在《洛神赋图》出现之前，绘画里的女子大都是作为道德典范出现的，是用来说教，而不是用来欣赏的。就拿《女史箴图》和《列女仁智图》中的女性来说，看画的人需要关注的不是她们的外表，而是她们的品德。《洛神赋图》则是一个创新，它借助浪漫的爱情故事摆脱了说教的传统，塑造了完全审美化的女性形象。洛神不是来感化，而是来打动我们的：她凌波微步，款款而行；微微一笑，倾国倾城。

阎立本《历代帝王图》

政界领袖的身边通常会有一位或几位专业摄影师，他们用照相机或摄像机记录下领导人在政治活动和日常生活中的画面，为历史留存宝贵的资料。古代的帝王身边也有从事类似工作的人，不过他们的工具不是照相机，而是画笔。

画家阎立本就是唐太宗李世民的御用“摄影师”。太宗接见代表吐蕃王松赞干布迎娶文成公主的使者，阎立本绘制了《步辇图》；南洋的小国向太宗进献具有异国情调的贡品，阎立本绘制了《职贡图》；太宗想要纪念当初跟他一起打天下的兄弟们，阎立本在凌烟阁绘制了二十四位功臣的画像。总之,他用图画的方式参与了唐太宗统治时期的各项重大政治活动。

其实阎立本的本职工作是政府官员,画画是他的一大爱好。有爱好是好事,但把爱好钻研到专业级别就麻烦了。阎立本画得实在太好了,好到皇帝根本不在意他的行政才能,完全把他当成画家看待。有一回,太宗带着大臣们在御花园的池塘里泛舟,看到池中有几只奇特的鸟随波浮游。太宗一边拍手叫好,一边对旁边的宫人说:赶紧去找阎立本,让他给朕把这几只鸟画下来。于是宫人就向岸上传呼:传画师阎立本觐见。阎立本忙不迭地跑来,满头大汗,立马伏在池边挥笔作画。看到同僚们陪着皇帝赏景吟诗,自己却狼狈不堪,明明是官员,还被人称作“画师”,阎立本羞愧得面红耳赤。当天回家后,他把儿子叫来训话,说:我从小喜爱读书,胸中也颇有些见识;不料却被绘画这项特长给坑了,它使得我像奴仆一样去伺候别人,真是奇耻大辱;小子,记住,学什么也别学画。 现代人可能觉得,艺术家多牛啊,不比当官差。但在古代,纯粹以画画谋生的人是不受重视的。你实在喜欢画,那就先谋一个正当职业,最好是当官,再把画画当成业余爱好。画家越是业余,画的价值反而越高。很奇怪,是不是?

埋怨归埋怨,阎立本还是很爱画画的。“性之所好,终不能舍”,他最终还是向兴趣投降了。阎立本画画很用功,他曾经去观摩南朝画家张僧繇的壁画,刚开始不以为然,认为那位“画龙点睛”的大师“定虚得名耳”。第二天,他又跑去看,这次似乎颇有所得，称赞说：“犹是近代佳手。”第三天，他再次去看画，这才真正领悟了画中的妙处，感叹道：“名下无虚士。”干脆在壁画前驻扎下来，坐卧观之，一连十几天都舍不得离去。谦虚若此，好学若此，阎立本的绘画技巧自然突飞猛进。

唐总章元年（668年），阎立本的事业达到了辉煌的顶点，被授予右丞相的官职，这主要还是因为他在艺术上的杰出成就。当时的左丞相是一位在塞外屡建战功的武官，有人便讥讽说：

图4-9 ［唐］阎立本《历代帝王图》绢本设色 51.3厘米×531.0厘米
波士顿美术馆藏

“左相宣威沙漠，右相驰誉丹青。”皇帝当然不可能把丞相的位置轻易给人，是要这一文一武左右二相协助他治理国家的。在皇帝看来，阎立本其实是位宫廷史官，只不过他记录历史的方式不是用文字，而是靠图画。

阎立本最擅长人物画，美国波士顿美术馆收藏的《历代帝王图》手卷（图4-9）就是他的一幅杰作。画卷描绘了从汉代到隋代的十三位帝王，有光武帝刘秀、魏文帝曹丕、吴主孙权、

蜀主刘备、隋文帝杨坚、隋炀帝杨广等等。这些帝王大都以四分之三的侧面像来表现，他们是每组人物中最高大最庄严的，身边还搭配着几个矮小瘦弱的随从。在古画里，人物的身材不是天生的，而是由地位决定的。地位高，人就画得大；地位低，就画得小。除了展现帝王们共有的风范之外，阎立本还通过人物的眉宇、神情、动作来刻画他们不同的个性和气质。比如在画面中相对的这两位皇帝（图4-10），他俩谁的性格比较强悍？当然是左边的，对不对？他是北周武帝，一位精明强干的君主，他曾推行灭佛政策，摧毁了四万座寺庙，强迫三百万僧尼还俗。与他相对的那位看上去文雅柔弱的皇帝则是陈后主，他沉迷女色，导致陈灭亡，走投无路之际，拉着两个妃子躲到井里去了。

图4-10 《历代帝王图》（局部）

虽然这些帝王肖像没有描绘具体的事件，但是对历史稍有了解的观众便能借助图画中人物的特点和图画旁的题字辨认出他们的身份，并迅速回想起每位皇帝的故事。唐太宗为什么要让阎立本绘制帝王们的肖像呢？是用来给自己当皇帝提供参照的：好皇帝，我要向他看齐；昏君，我要引以为戒。用他常被大家引用的那句话说，就是："夫以铜为镜，可以正衣冠；以古为镜，可以知兴替；以人为镜，可以明得失。"

吴道子《送子天王图》

在中国艺术史上，有三位艺术家拥有"圣"的桂冠：一是"书圣"王羲之，二是"诗圣"杜甫，还有一位就是"画圣"吴道子。苏东坡曾说，绘画到了吴道子那儿算是达到了不可逾越的巅峰。

吴道子生活在盛唐时期。他和阎立本、李思训这些画家不一样，他们都是贵族出身的宫廷画师，而吴道子则是不折不扣的草根艺术家。他是个孤儿，家境贫寒，完全是凭借惊人的才华和不懈的奋斗而成为一代大师的。

吴道子最擅长宗教题材的绘画。他生在一个好时代，唐代佛教盛行，寺庙众多。为了吸引更多的香客，各大佛寺都想请一流的艺术家来绘制壁画。据说长安菩提寺的方丈知道吴道子爱喝酒，"每一挥毫，必须酣饮"，他就在寺门口放了一百石好酒，对吴道子说：帮我画画，这些酒统统归你。强大的市场需求给了吴道子充分施展才华的舞台。

吴道子偏爱充满激情和力度的人物形象。河北曲阳北岳庙里的《鬼伯》石刻（图4–11）据说是根据吴道子的原作摹刻的。《历代名画记》上说吴道子笔下的人物“虬须云鬓，数尺飞动，毛根出肉，力健有余”。石刻中肩扛长戟、凌空腾跃的大力士倒是与书里的描绘很符合。吴道子的画有一种咄咄逼人的视觉效果，他画过地狱图，画中虽然没有牛头、马面、刀山、油锅之类的恐怖道具，却能令观者不寒而栗。许多屠夫渔父在看了画之后，不敢再杀猪捕鱼，纷纷改行了。

吴道子是个工作狂，他在洛阳、长安等地的佛寺道观中画了三百多面壁画。这样高超的技艺和旺盛的精力大概只有意大利

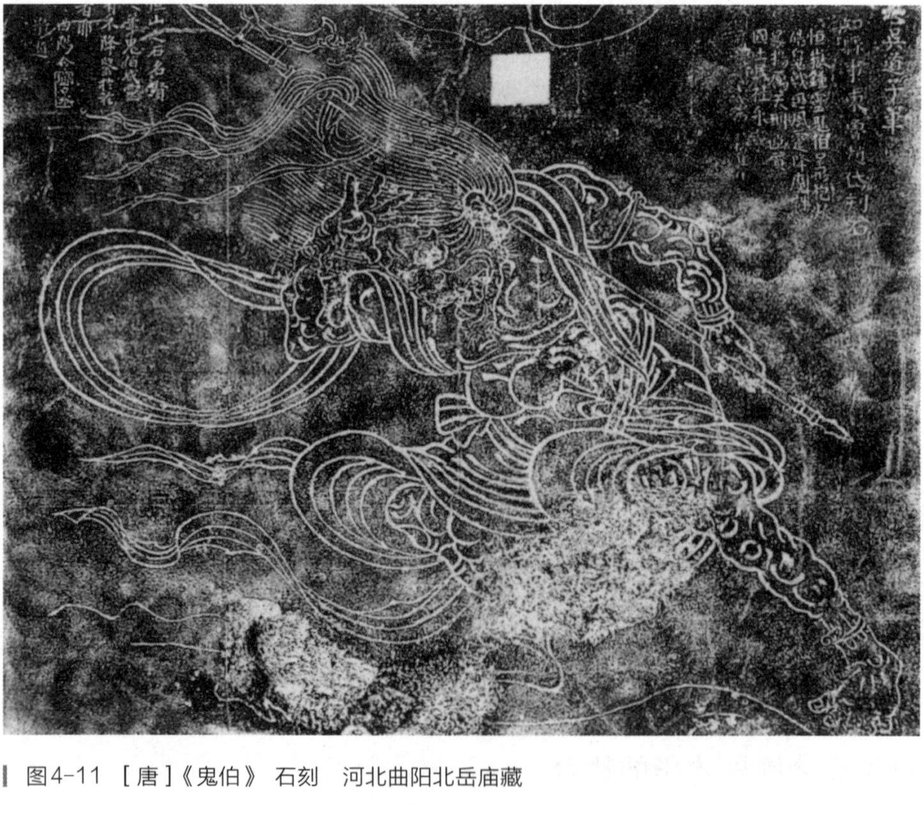

图4–11 ［唐］《鬼伯》 石刻 河北曲阳北岳庙藏

文艺复兴时期的大画家米开朗琪罗可以望其项背。这两位大师还有一点相似,都很任性:米开朗琪罗把自己的敌人画进了西斯廷教堂的天顶画中,让他在地狱中被毒蛇噬咬;吴道子呢,传说他把菩萨画成自己的模样,还把贪官污吏画进地狱图,让他们戴上枷锁受审判。

吴道子创作了大量作品,可惜我们现在一件真迹也看不到。为什么呢?因为他的绝大部分作品都是寺庙中的壁画,在战乱中被毁坏了。日本大阪市立美术馆的《送子天王图》(图4-12)是宋代人临摹吴道子的摹本,从中我们可以一窥他的绘画风格。

《送子天王图》描绘的是释迦牟尼降生后,他的父亲净饭王抱着他去拜谢天神的故事。画家不用色彩,完全以墨笔勾勒出人物形象,这叫"白描"。《送子天王图》里的线条用笔时有起伏变化,磊落遒劲,充满了立体感。这在人物的衣冠饰带上体现得尤为明显。这种线条也有个形象的名字,叫"莼菜条描"。

吴道子画作的观赏者主要是京城里的平民百姓,而非宫廷里的少数贵族,因此他与市井文化间的关系十分密切。身为一位大众瞩目的艺术家,他的八卦新闻也特别多。最吸引眼球的一则就是"吴道子雇凶杀人案",说在吴道子晚年,唐代画坛出现了一位年轻的绘画奇才,画的鬼神、大雕栩栩如生,仿佛要从墙壁上走脱。吴道子害怕此人的成就超过自己,便花钱雇人将其暗杀。这则八卦大概不是真的,但它从侧面反映出唐代艺术市场的竞争是何等激烈。

图4-12 （传）[唐] 吴道子 《送子天王图》(宋摹本） 纸本水墨
35.5厘米×338.1厘米 大阪市立美术馆藏

张萱《捣练图》

假如你穿越回唐代，那么每到天气转寒、秋风乍起的时候，一定会看到这样的景象：妇女们纷纷挽起衣袖，手执捣杵，身披月光，两两相对地在捣衣。大诗人李白的诗里不也描绘了吗？“长安一片月，万户捣衣声”，可见这在当时是多么风行的劳动。“捣衣”究竟是什么活计呢？唐代画家张萱绘制的《捣练图》生动地展现了宫廷妇女从事捣衣劳作的场景（图4-13）。

《捣练图》的原作已经佚失，目前流传下来的画卷据说是书画皇帝宋徽宗赵佶亲自摹画的。整幅画可以分为捣练、缝衣和熨烫三个部分。展卷便会看到四个女子，她们两两相对，正用捣

图4-13 ［唐］张萱 《捣练图》（北宋摹本） 绢本设色
36.8厘米×145.3厘米 波士顿美术馆藏

杵击打砧石上的布料。捣练之后是缝衣，画中有两位妇人：一位背身侧坐在地毡上，正聚精会神地理线；另一位则坐在凳子上，拈针缝纫，你瞧她的眼神，一刻也不曾离开手中的丝线。如果说捣练体现的是一种动态之美，那么缝衣则显示出了一种安静的韵味。最后一段画面表现的是熨烫的工序。两位妇人面对面地展开一匹绢，另一位妇人手持铁熨斗小心熨烫。一名年轻女子扶着绢的另一侧。还有一个淘气的小女孩，她从绢底下穿行，好奇地探头打量着忙碌的大人们。

捣衣又称捣练，是古代制作衣服的一道重要工序。练是一种生的丝织品，刚织成的时候质地坚硬，必须经过煮沸、漂白，再把它放在砧石上用捣杵捶击，才能变得柔软，方便缝制。捣衣本

来只是妇女的一种日常劳动，后来却被渐渐赋予了诗意。在魏晋南北朝，流行一种以“捣衣”为题材的诗歌，比如庾信的“捣衣明月下，静夜秋风飘”，谢朓的“秋夜促织鸣，南邻捣衣急”。为什么要在秋天的晚上进行呢？因为男子上前线打仗，秋天一到，在家的女人们就担心远方的夫君没有足够的衣服御寒，于是忙着捣练、缝衣，要赶在天冷之前将衣服寄给男人。至于在晚上，是因为捣衣至少需要两人配合，面对面，像舂米似的。白天女人们各忙各的家务，晚上凑在一块儿在月光下捣衣，既不浪费时间，还省了家里的蜡烛钱，不是一举两得吗！可见，捣练并非普通劳作，与之相连的是战争、别离和幽怨。而宫中妇女的捣练则往往影射着君王的冷淡与后宫的寂寞。就像王昌龄在宫怨诗《长信秋词》里写的：“长信宫中秋月明，昭阳殿下捣衣声。白露堂中细草迹，红罗帐里不胜情。”失宠的宫人只能在捣衣劳作中消磨光阴。

张萱是唐代著名的宫廷画家，尤其擅长画仕女图。《捣练图》中缝衣的女子（图4-14）可能会让人联想起荷兰画家维米尔绘制的《花边女工》（图4-15），两位画家都成功地展现了女子在劳作中那种娴静从容的美。但跟维米尔不同的是，张萱并不在描绘光影的技巧上着意，而是营造出一种“刹那含永劫”的气氛。

《捣练图》是一幅长长的手卷，赏画的时候从右到左一段段展开，也就是说画中是包含着时间线索的。细心的观者或许会发现场景的次序问题。就制作衣服的步骤而言，应当是先捣练，再熨烫，最后缝衣。可画家却把“缝衣”安置在了“捣练”和“熨

图4-14 《捣练图》(局部)

图4-15 ［荷兰］维米尔 《花边女工》
油彩 24厘米×21厘米 巴黎卢浮宫藏

烫”之间，打乱了连贯的劳作程序。这是为什么呢？有人猜测这幅手卷是由两幅画组成的——捣练、缝衣是一幅，熨烫是另一幅。还有一种可能，画家或许是出于构图的考虑：捣练的四名女子是站立的，她们手中的捣杵突出了垂直的动感。与此对照，第二个场景则由坐着缝衣的人物形象构成。丝线的纤细与捣杵的沉重也形成了对比。第三段“熨烫”则又出现四名站立的妇女，与第一段呼应。按照正常工序，三组人物应当是站—站—坐，画家通过调整工序，使得三组人物的姿势变成站—坐—站，就产生了一种高低错落的效果。画面安排还有个巧具匠心之处：在“捣练”一组中，一女子回过身来挽衣袖，顺着她的视线，便带出了缝衣一组中理线的女子；而画面中央蹲着扇火的女孩子，一边看着缝衣的妇人，一边为熨烫者扇火，不动声色地起到了过渡作用。

据史料记载，开元、天宝年间，很多擅长制衣的女子被征召入宫。仅为杨贵妃一人织造锦缎、刺绣衣裙的工人就有七百人之多。虽然不是为了征战的丈夫，但画卷中的女子一样将自己灿烂的青春和漫长的寂寞投入到这年复一年的捣衣当中。

顾闳中《韩熙载夜宴图》

在谍战剧里经常能看到这样一个场景：侦察人员拿出随身携带的微型照相机，将重要的情报拍摄下来。在没有偷拍器材的古代，侦察人员要靠一支画笔将刺探到的信息表现出来。北京故宫博物院收藏的《韩熙载夜宴图》就是一幅古代的"情报图"。

画中的主人公韩熙载是南唐朝廷里一位很有才干的大臣，后主李煜既想倚重他，又怕他存有二心。李煜很想了解韩熙载的私人生活，就把画家顾闳中召来，派他做间谍，到韩府一窥究竟。这天晚上，韩熙载在家办聚会，顾闳中以同事的身份参加了聚会，他利用惊人的记忆力把当晚到场的宾客、举行的活动一一牢记在心，回家后绘制成图，向李后主交了差。

《韩熙载夜宴图》是一幅三米多长的长卷。长卷是一种特殊的绘画形制，它所展现的是由许多幅画面组成的连续图像，而并非一个单独的画面。如果你曾经见到这幅画，它很可能是完全展开、铺放在长长的玻璃展柜里的。这种现代博物馆的陈列方式并不符合古人的赏画习惯。我们不妨想象一下李后主是怎样观看这幅画的：他会从右到左，缓缓地将长卷打开，画中的故事情节会随着观看的过程逐步展开。

第一段为“听乐”（图4-16），晚上七点钟，聚会开始了。头戴黑色纱帽的东道主韩熙载和身着红袍的贵宾坐在榻上，面前的几案上摆着美酒佳肴。他俩和其他宾客一起正在凝听一名歌伎弹琵琶。

图4-16 ［五代］顾闳中 《韩熙载夜宴图》（局部）
绢本设色 28.7厘米×335.5厘米 北京故宫博物院藏

接下去的一段“观舞”（图4-17）是聚会的高潮，此时大约是晚上九点。韩熙载精神亢奋，他脱去袍子，挽起衣袖，为正在跳舞的歌伎击鼓伴奏。宾客中还有一位和尚，这样的场景让他略感尴尬，可又忍不住被激昂的鼓乐所吸引。

图4-17 《韩熙载夜宴图》（局部）

到了第三段画面“歇息”（图4-18），夜已经深了，略显疲惫的韩熙载在侍女们的簇拥下坐在榻上休息。

图4-18 《韩熙载夜宴图》（局部）

在第四段“清吹”（图4-19）画面中，韩熙载歇罢，袒胸露腹地坐着，强打精神听歌伎们吹奏箫笛。此时大概已是午夜了吧。

图4-19 《韩熙载夜宴图》（局部）

最后一段“宴散”（图4-20）表现的是曲终人散的场景。韩熙载换上黄衫，起身与宾客告别。客人们似乎还意犹未尽，依依不舍。此时恐怕已是凌晨。

图4-20 《韩熙载夜宴图》(局部)

手卷的观赏具有强烈的时间性，它不是在瞬间完成的，而是一个线性的过程。观画者逐渐展开画卷，每次只打开一小段。整幅画中韩熙载一共出现了五次，但观画者不可能在同一时间看到他。

这幅画中有许多室内家具，最为显眼的是屏风。这种山水屏风在南唐时期的其他绘画如《重屏会棋图》《勘书图》中也出现过。不过在《韩熙载夜宴图》中，它有了特殊的作用——画家用它来区隔众多的场景。最有意思的是“清吹”与“宴散”这两个场景间的屏风。画家描绘了一男一女，他们隔着屏风说话，女子的手指向自己背后，仿佛在邀请男子过来。这样的设计把两个原本孤立的场景巧妙地联系在了一起。

在《韩熙载夜宴图》中，画面只是一部分，还有很多文字和图画装裱在一起。这些文字叫作“题跋”，是后世人写的观画感想。一位元代学者在题跋中盛赞韩熙载，说他的所作所为是“千古无两，大是奇事”。明代书法家王铎在题跋中夸赞韩熙载“寄意玄邈，直做解脱观”。不就是办个热闹的聚会吗，韩熙载凭什么赢得后代文人的赞美呢？据说，李煜想任用韩熙载为宰相。韩熙载知道南唐积弱，政府难有作为，而北方的赵匡胤胆识过人，实力雄厚不可测。他曾告诉好友德明和尚（也就是画中的僧人）："中原常虎视于此，一旦真主出，江南弃甲不暇，吾不能为千古笑端。"（何良俊，《世说新语补·识鉴》）于是这位精明的政坛老手便沉迷夜宴，放纵自己，以此躲避李后主的任命。韩熙载不羁的行为却颇符合传统文化对于士大夫的要求：当政治抱负难以实现时，就该做个隐士，或隐于山水之间，或隐于闹市之中，或者干脆隐于声色犬马里。

五 书法篇

谈及书法，人们多少会生出些高冷的感觉，认为那是一些被称为“书法家”的风雅之士寂然凝虑、思接千里，继而临池研磨、挥毫落纸创作出的艺术品。它们经过精心装裱之后，被送进展览馆、美术馆，供人隔着玻璃瞻仰膜拜。

其实，书法的故事并不是这样开始的。

艺术史家贡布里希宣称“没有大写的艺术”。我且将他的话略做改动，那就是“没有大写的书法”——我们今天视为艺术品的古代书迹大多不是为着艺术的崇高目的而制作出来的，而是有着实际的功用：商朝人为了侦探神灵的喜好，在龟甲兽骨上刻字；西周的君王为了标榜赫赫战功，在青铜器上铸铭文；汉代的囚徒为了给客死他乡的伙伴留下点记录，便于其家人来找寻骸骨，会在随葬的砖块上刻下亡者的基本信息。还有悼念先人的文章、戍边兵士的家书、观赏书画的读后感、为园林题写的牌匾，它们的首要目的是“有用”。

或许你已经发现了，跟今天的一些书法家不一样，古人挥毫泼墨不是为展览、为比赛、为悦目。对他们来说，书法是工具，不是目的；是生活，不是表演。正因如此，他们的字才活泼生动、元气满满。在这里，我想把今天被视为艺术品的古代书迹还原到它们最初的语境中，通过书法去展现各个时代人们的生活情态、体会他们的内心感受。

五类书体

一统天下的篆书

中国地域辽阔，不同地方有不同的方言。“鞋子”用四川方言说像“孩子”，福建人讲“花”同“发”。有时候，跨过一座山，蹚过一条河，人们说的话就大大不同了。幸好，中国人使用着同一种文字，不管嘴里说的话多么千差万别，写下来却一模一样。文字是由秦始皇统一的。秦始皇既不是文字学家，也不是书法家，他决心统一文字完全是出于政治考虑。战国时期，各诸侯国势力膨胀，形成了群雄割据的局面，周天子失去号令诸侯的权威，徒有其名。各国国君在政治上自作主张，各国的文字也自成系统，有的字在七个国家写法全然不同（图5-1）。秦始皇统一七国之后，发现了问题：各地文字不同，妨碍了经济文化的交

图5-1 “马”字的七国写法

流，甚至影响了中央政府政策法令的推行。于是，秦始皇命李斯等人将秦国文字整理、省改后作为规范向全国颁布。从此，不同的地方虽然说不同的语言，写出来的字却一模一样。

秦始皇统一天下之后，三次巡游东土。他对自己创立的事业非常得意，就在七个不同的地方竖立刻石，记录自己的丰功伟绩，好让后世都知道他的伟大。可惜这些刻石或是没入海中，或是毁于兵火，幸存下来的也因风吹日晒、霜打雨淋而残缺不全、字迹漫漶了。以泰山刻石为例，这是秦始皇在泰山封禅时，命李斯书制的纪功刻石。石上原有144字，后来秦二世巡游泰山时，觉得有必要再歌颂一下秦的功绩，又命李斯补写了78字，共计222字。这块刻石原本立于泰山之巅，历经千年雨打风吹、电劈雷击，逐渐崩裂风化，到了明代，石上只剩下29字。后来遇到火灾，刻石也没了踪影。直到清代嘉庆年间，有人在山顶发现了残石两块（也有人怀疑这并非原石），只剩10字，刻石现存山东泰安泰山岱庙。今天，我们可以从北京故宫博物院收藏的明代刻石拓本中窥见泰山刻石的大致面貌（图5-2）。即使器物、刻石

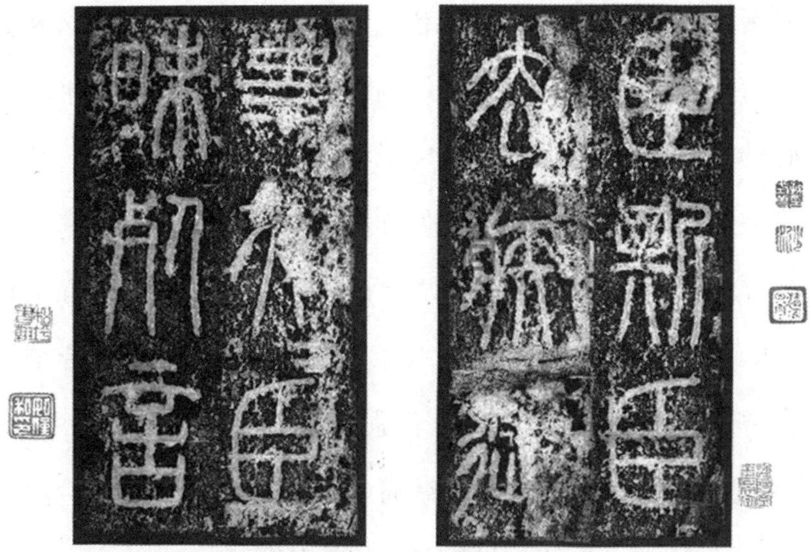

图5-2　泰山刻石(局部)(明拓本)　北京故宫博物院藏

毁灭佚失，上面的文字还可以永久流传。泰山刻石的书体是秦统一后的标准书体——小篆。把它与秦刻石鼓文相比较，你会发现不少相似之处：字形都比较规整，并呈长方形。别忘了，秦始皇颁布统一的文字时，并没有创造一种全新的书体，而是以原先秦国文字(大篆)为基础省改而成的。相比大篆，小篆偏旁部件的位置和写法大体固定，结构更加对称，书体更加简化，笔画线条也更为匀净。

除了统一文字之外，秦始皇还做了一些了不起的事情，比如：以郡县制代替分封制、统一货币、统一车轨、修筑长城等等。还有一桩重要举措——统一度量衡。之前，政府分发粮食、百姓买卖货物时，用来衡量重量和体积的标准并不一样，甲地的一尺布到乙地只有八寸，乙地的一斤粮食到甲地只算九两，这给工商业发展带来了不小的麻烦。于是，秦政府颁布诏令，统一度量衡。但秦帝国如此庞大，这道诏令又涉及众多百姓，怎么传达下去呢？有办法。负责此事的官吏将诏书或刻或铸于铜版上，随统一后的度量工具——权（相当于秤砣）、量（相当于斗、升之类的容器）一起下发。这样的铜版称为“诏版”。镇原县博物馆收藏有“二十六年铜诏版”（简称“秦诏版”）（图5-3），上面有阴文书刻，大致意思是说：秦二十六年（公元前221年）皇帝统一天下，百姓安宁，立尊号为皇帝，于是下诏书给丞相状、绾，对不一致、有疑惑的度量衡加以统一明确。统一后的权、量也会刻上诏书（图5-4），诏版、诏权、诏量上的诏书内容是一样的。

与泰山刻石相比，诏版、诏权、诏量上的文字似乎很不整齐：字形忽大忽小，或长或扁；字距有疏有密，纵有列，横却不成行；

图5-3　秦诏版　长10.8厘米　宽6.8厘米　厚0.3厘米　1976年于甘肃镇原县城关镇富坪村出土　镇原县博物馆藏

图5-4　两诏铜斤权　高7.0厘米　底径5.2厘米　重250余克　甘肃秦安县上袁家村秦墓出土　甘肃省博物馆藏

个别字甚至不是标准的小篆，时而可见六国文字的遗迹。为什么会有这样的区别呢？原来，泰山刻石由赫赫有名的书法家李斯书写，而诏版文字出自众多普通工匠（也可能是官吏）之手，他们来自不同的地域，有着不同的书写习惯。再说，这毕竟只是通告，不像颂扬皇帝功绩的刻石文字那样严肃。当然，大大小小、错落有致也另有一番独特的趣味。

隶书的兴盛

秦始皇创立的秦朝是中国历史上第一个大一统王朝，不过秦朝的法律过于严苛，赋税过于繁重，激起了百姓的激烈反抗，仅仅十五年，秦朝就走向了覆灭。推翻秦朝统治的起义军领袖之一刘邦，击败了强劲的对手项羽，开创了汉朝。汉朝分为西汉与东汉。西汉末年，政治动荡，野心勃勃的王莽篡夺了皇位。后来王莽又被推翻，汉朝宗室出身的刘秀趁势而起，即位称帝，国号仍为“汉”。为了区别，后人将刘秀创立的王朝称为“东汉”。

秦朝统治虽然只有短短十五年，却在峄山、泰山、琅玡山等多处留下歌功颂德的刻石，每处刻石上都有大约两百个大字，可以算是巨型刻石了。可奇怪的是，西汉延绵两百多年，非但没有秦代那样规制恢宏的刻石，竟然连几十字的刻石也极其罕见。有人揣测，是因为篡位的王莽竭力抹黑汉王室，不希望留下称颂西汉功绩的刻石，“凡所在有石刻，皆令仆而磨之，仍严其禁，不容略留”（陈槱，《负暄野录》）。西汉刻石稀若星凤，其中有一块

图5-5　五凤刻石（拓片）　长71.5厘米　左高38.0厘米　右高40.0厘米　厚43.0厘米　山东曲阜孔庙藏

方石目前安放在山东曲阜孔庙的大成殿内（图5-5）。这块方石是金代维修孔庙时意外发现的，上面刻有十三个字："五凤二年鲁卅四年六月四日成"。五凤二年与鲁三十四年是同一年（公元前56年），这块刻石既用汉宣帝的"五凤"年号，又用汉代诸侯国鲁国的纪年，反映了西汉晚期王国刻石纪年的惯例。五凤刻石上的文字字形平稳自然，率直朴拙，可是书体却与秦刻石上的大不相同。勒石、铸铜比较庄重，秦代人会用正体字——小篆。五凤刻石中的"五""凤""鲁"等字还有明显的篆书痕迹，可"年""六""月"等字明显是隶书。你注意到刻石中的"年"字了吗？它纵向拉得很长，完全打破了字形的平衡，这会是书写者一时心血来潮吗？答案藏在另一种书写载体——简牍上。

隶书是汉代简牍中最常见的书体。汉武帝为了防御匈奴，加强对西域的管理，在位于西北边陲的居延筑城设防，移民屯田。近代，居延出土了大量汉代简牍，有屯田档案、书籍、历谱、私人信件等等。有的木简上编连的麻绳尚未脱落，证实了"册"字的造字依据（图5-6）。甲骨文"册"字（）是用绳将竹片或木片穿成的书简。居延汉简中还有一些造型特别的木片：上端呈半圆形，并画有网格状的纹样；下面是长方形，两面都书有文

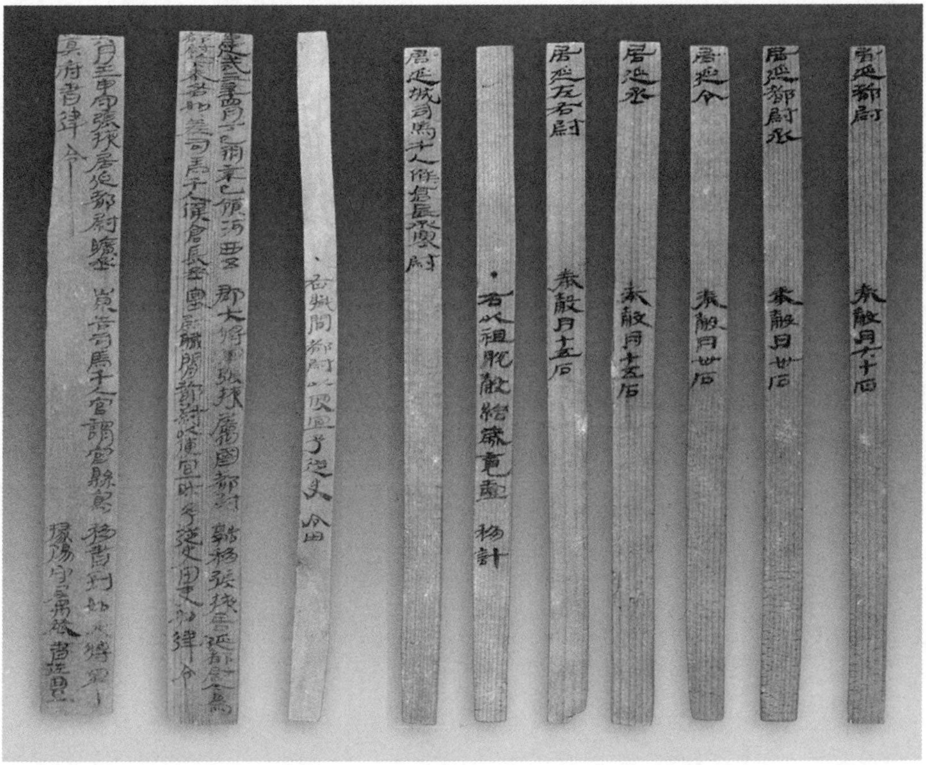

图5-6 《居延都尉府奉例》册 纵22.8厘米 横1.4厘米至2.5厘米
1974年于内蒙古额济纳旗破城子居延甲渠候官遗址出土 甘肃省博物馆藏

字(图5-7)。这种木片叫“楬”,是作为标签用的简牍。我们在整理文件之后,不也会给档案袋或文件夹贴上标明其中文件名称、数量、种类的签牌吗?楬具有同样的功能。在上端半圆形的中央有个小孔,是用来系上绳子、把楬拴在整理好的简牍或物品上的。这枚楬的正反两面共书有四个“年”字,背面的两个最后一笔故意拉得很长。这是汉代人书写简牍的一种习惯:一个末笔是长竖的字,如果在一列的最后,竖就会拉得很长,如果不在,则长度较短。原来制作五凤刻石的人将简牍中的书法风格引入了刻石之中。

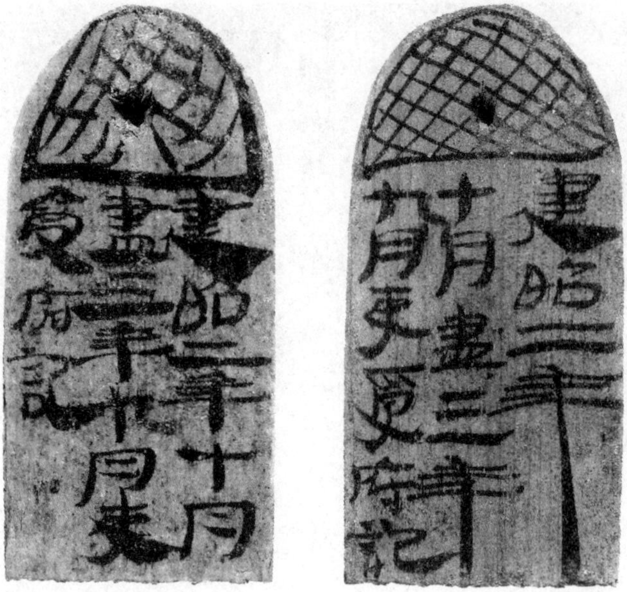

正　　反

图5-7 “建昭二年”楬

草书的诞生

迄今为止我们谈论的所有文字，无论是金石还是竹帛上的文字，在当时人眼里都并非艺术。它们被制作出来，不是为了给观看者带去视觉的愉悦，而是为了一些实用的目的：沟通神灵、祭祀祖先、缅怀故人、炫耀功绩、缔结盟约、抄写书籍、颁布诏令、联系家人等等。究竟从什么时候开始，文字从实用的功能超拔出来，成为人们欣赏、珍藏、仿效的对象，成为“大写的艺术”了呢？这要从一种新书体——草书的诞生说起。

草书是一种省略笔画、精简结构的书体，西汉时就出现了。1993年，江苏东海县的一座西汉晚期墓葬中出土了草书《神乌傅》(图5-8)。它讲述了一个悲壮凄婉的故事：阳春三月，雌雄二乌艰辛筑巢，遇到盗鸟来偷窃。雌乌与盗鸟争斗，遍体鳞伤。临死之际招来雄乌，嘱他速速离去，另寻伴侣，将雏乌抚养长大。说完，断然自尽。雄乌大恸，但无可奈何，只得高翔而去。全文共600多字，书写在21支竹简上。篇名“神乌傅”三个字用正规的隶书写成，和东汉碑刻上的隶书相似。在正文中却出现了大量简化的草体字，如“得”“为”“遇”“道”“与”“龙”等等（图5-9）。今天我们见到的草书常常是一笔连写两三个字，字与字之间牵连映带。《神乌傅》中的草书却有些不同：连绵的笔势限于一字之内，字字独立，字的收笔还带有隶书的波角。这种书体被后人称为“章草”，是草书的早期形态。

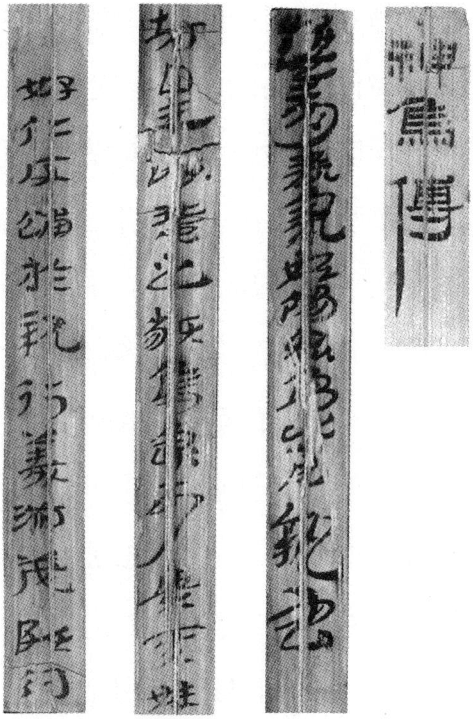

图5-8 《神乌傅》（局部）
22.0厘米×0.9厘米　连云港市博物馆藏

草书的发明源于人们对书写便捷的追求。人们使用文字的

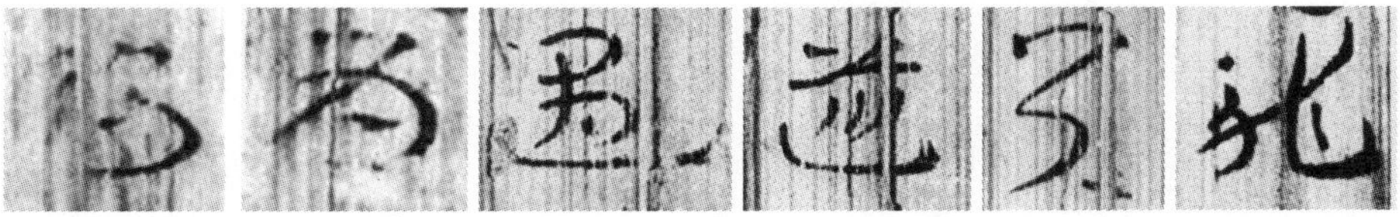

图5-9 《神乌傅》中的“得”“为”“遇”“道”“与”“龙”

频率越高，越渴望把字写得简单些：字越简单，书写速度越快，一定时间内完成的数量就越多。在商代占卜用的甲骨文、春秋时诸侯间的盟约、战国时军人的家书、秦代的公文档案里，都能看到草写的痕迹。在汉代，隶书是正体字，草书是俗体字。草书最初为书吏使用，他们的日常工作是跟文字打交道：起草文书、写信件、抄文章、录簿籍等等，草书是书写最快的书体。

渐渐，人们发现，相比于端庄的篆书和隶书，草书更能展现书写者的个性气质，于是开始用一种艺术的，而非实用的眼光来看待草书，它的一个标志是书法家的出现。难道东汉之前没有书法家吗？那么多杰出的书法作品都出于谁人之手？文字从诞生之日起，就有书写者。但他们不是书法家，他们是为各种实用的目的，而不是为给他人带去视觉享受而书写，也没有在作品上署名的习惯。我们的确知道一些善书者的名字，比如秦代的李斯、西汉的蔡邕、东汉的刘睦与杜度，但书法只是他们众多的才能之一，他们主要是作为重要官员而并非艺术家载入史书的。到了东汉，一个从未做过官、以书法家身份被后世铭记的人出现了，他叫张芝。

张芝生于显赫的官宦世家，但对做官毫无兴趣，他以当时两位著名的书写名家杜度、崔瑗为效法对象，一心钻研书法。他用家里贮藏的生绢练字，写完后再沸煮漂白制衣。张芝成天在后花园的水池旁练字，写完后用池水清洗毛笔和砚台，日复一日，池水都染黑了。后人称练习书法为“临池”，就来源于此。张芝长期专心练习，书法技能高超绝伦，因而被尊为“草圣”。他曾说自己“匆匆不暇草书”，意思是忙碌仓促的时候，他是不写草书的。这就令人费解了。草书本是书吏们为了应付大量的抄写工作、更快完成任务而琢磨出的速记法，张芝怎么说忙的时候反倒不写草书了呢？原来到了东汉，草书逐渐完备，形成了固定的书写规则，书写的任意性受到了制约，掌握、运用这些规则需要付出很多时间和精力。像张芝这样痴迷于书法的人，更追求草书的艺术性，创作时深思熟虑、全神贯注，不会匆忙下笔。

相比于肃穆的篆书、端庄的隶书，草书的魅力何在？张芝的老师崔瑗写过一篇《草书势》，专门讨论草书的价值。他认为，草书的出现是为了适应社会由繁入简的需要，它最初用在仓促紧迫的场合，帮助人们节省时间和精力；但是草书的价值不局限于此，它是一种充满美感的书体。他还指出了草书形式美的特点：连绵不绝，充满动感，气韵贯通。自由飞扬的行书方式，可以充分传达书写者的情感。《草书势》是迄今为止我们见到的第一篇专门讨论书法的文章，是艺术“自觉”的一个重要标志。

将书法，特别是草书，视为艺术，这一观念在东汉出现的另一个标志是书法收藏家的出现。东汉的两位皇帝，汉明帝和汉章帝都是草书的爱好者。汉明帝的堂兄刘睦擅长草书，很受时人推崇。刘睦重病卧床，奄奄一息，明帝派专人快马加鞭赶到他家，“令作草书尺牍十首”（范晔，《后汉书》）。他迫不及待要保存刘睦以草书书写的竹简，不是因为重视这些文字表达的内容，而是因为珍视刘睦书法的审美价值。草书手迹是个性最直接的表现，它可以帮助汉明帝唤起对亲人的回忆。汉章帝时，大臣杜度是草书高手，皇帝珍爱他的字迹，特地下诏指示杜度上奏表时不必使用正体字隶书，可以用草书。可见，当时草书的地位已大大提升。上有所好，下必甚焉。皇帝对草书的喜爱促进了草书的发展和普及。

书法成为一门艺术，还有一个标志，是人们对书法创作有热情。到了东汉末年，草书不仅为皇帝所喜爱，也受到众多文人追捧。他们追慕张芝的草书，兴致远胜过对孔子儒学的研习。他们不知疲倦，不分昼夜，痴迷地练习。不到十天就写秃一支毛笔，不到一个月就消耗几块墨丸。衣服的领子袖子是黑的，嘴唇牙齿也是黑的。朋友们相聚时顾不上聊天、游戏，只是一个劲儿地用手指在地上、墙上比画，结果手指破皮了，指甲也断了，却仍如痴如醉，不肯罢休。面对这些“不疯魔不成活”的草书爱好者，辞赋家赵壹实在看不下去了，特地写了一篇文章抨击。他质疑道：草书这样的雕虫小技，升学不考，官员招聘不考，与管理国家无关，与升官发财无涉，何必费尽心力地去学去练呢？这番话从反面反映出，在东汉晚期，以草书为代表的书法已经从“有用”中超脱出来，成为“无用”的艺术了。

书法家、书法评论家、书法收藏家的出现，再加上人们的创作热情，这诸多要素相结合，使草书从早期“应急赴速”的手段，变为毫不功利的审美对象，也使书法成为“大写的艺术”。从此，人们不断探寻书写之美的可能性，演绎出更加精彩的书法的故事。

钟繇与楷书

中国书法大致分为五种书体：篆书、隶书、草书、行书、楷书。其中，后三种书体在今天仍然应用广泛。草书出现得最早，它是从篆书，特别是隶书的简写过程中蜕变出来的。行书也是从隶书蜕变而来，但笔画省略程度不像草书那么大，形态更接近楷书，其飘逸隽秀的风格很符合文人的审美趣味。日常使用最为频繁的楷书（也称为真书、正书）却是最后出现的。它的确立和一个有权势又有学问的人密切相关。他就是钟繇。

钟繇很会做官。他生在江山易主、天下纷乱的汉魏之交，深得曹操信任。他不但明哲保身，甚至位列三公，名显当时。不过，钟繇被后人铭记，倒不在于官做得大、做得稳、做得久，而在于书法造诣高。据说，钟繇是从蔡邕的女儿蔡文姬那里领悟到书法的奥妙，成为一代大家的。后来东晋大书法家王羲之的老师卫夫人，又学习了钟繇的书法。这么说来，钟繇算得上王羲之的祖师爷了。后人列举魏晋的书法名家时，常以"钟王"为代表，"钟"是钟繇，"王"是王羲之。

钟繇擅长三种书体：一是"铭石之书"，即书写碑文的隶书；二是"行狎书"，即行书，这是当时亲朋好友间通信的书体，比较随意；三是"章程书"，即用来起草文件、上奏章的书体，也就是我们所说的"楷书"（羊欣，《采古来能书人名》）。后人尊奉钟繇为"正书之祖"，把楷书的专利权给了他。其实任何一种书体都是通过许多人的使用慢慢演化、定型的，不是某个人发明出来的。钟繇楷书写得好，社会地位又高，加之有可能对楷书进行过加工整理，有推动之功，于是人们就把“正书之祖”的美誉送给了他。这只是一个艺术家传奇罢了。

钟繇书法的名气很大，可是他的真迹我们今天一件也看不到了。你不必诧异，早在南朝时候，陶弘景就曾为“江东无复钟迹”而感叹了，那时钟繇过世才两百年。那么，他的书法作品都到哪儿去了呢？有个故事颇能说明问题。《宣示表》是钟繇写给魏文帝曹丕的奏表，内容是劝曹丕接受孙权的归附请求。东晋丞相王导痴迷于钟繇的书法。战乱中，王导仓皇南渡时还不忘记将自己珍藏的钟繇书迹《宣示表》缝在衣带中带走。之后，《宣示表》被王家子弟王羲之收藏，王羲之又将它借给了王脩。王脩对《宣示表》爱不释手。他去世后，他的母亲心疼儿子，就把这件书法当作殉葬品，给儿子在另一个世界继续欣赏、临摹。这份狂热导致诸如《宣示表》之类的艺术品绝迹人间。除此之外，自然灾害与战乱等人为破坏都可能使艺术品烟消云散。这实在令人扼腕。

真迹泯灭了，那我们是不是无法领略钟繇书法的风采了？未必，还有复印本呢！宋刻帖《宣示表》(图5-10)据说是根据王羲之临本摹刻。虽然《宣示表》的真迹已为王脩殉葬，但王羲之的临本保留得更久，宋代人根据这一临本(也可能是临本的临本)刻了帖。刻帖使书法作品得以大规模、长时间传播，即便真迹消亡，后人还可以根据刻帖欣赏、学习前代书家的名作。在现代摄影、扫描、数字技术发明之前，刻帖的确是高效的媒介。不

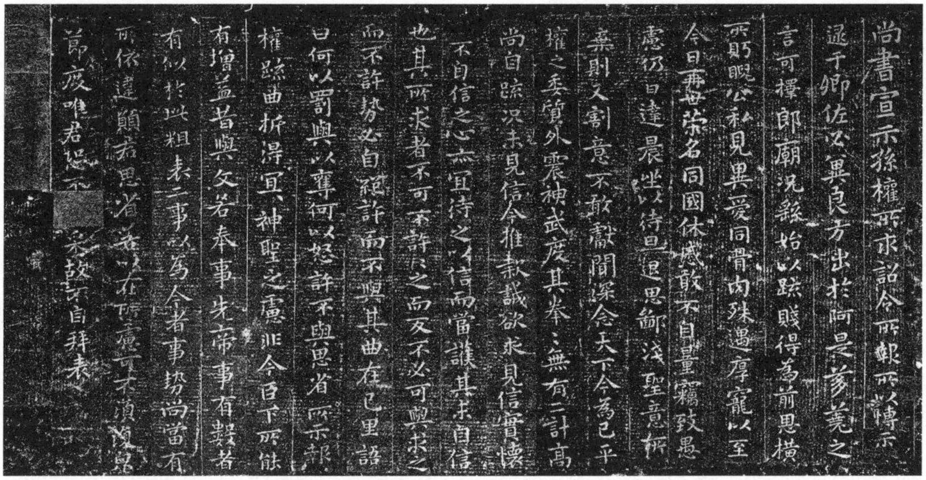

图5-10 《宣示表》(宋刻帖)(拓片) 首都博物馆藏

过这一媒介也有不小的弊端：从真迹到摹本，再到摹本的摹本，之后到木刻石刻，最后到拓印的帖子，这样经过多人之手、多个环节，难免造成失真。就拿《宣示表》刻帖来说，南朝人以“瘦”字概括钟繇书法，唐太宗也说钟繇“字则长而逾制”，可是刻帖中的大多数字既不瘦也不长，甚至是肥肥扁扁的。不知道是哪个环节的失真造成的。

“第一行书”《兰亭序》

陆机给朋友写信，用的是书写简便的草书。可对于现代人来说，他的字迹如同天书。钟繇给皇帝写奏表，用的是端庄的楷书，很容易辨识，不过写起来一笔一画，丝毫不敢苟且，比较费时间。有没有一种既书写便利又易于识读的书体呢？有，行书。它介于草书和楷书之间，最早称作“行狎书”：“行”指笔势流动连贯，“狎”体现了一种风流倜傥的姿态。相对于楷书，行书写起来简便；相对于草书，行书易于辨识。

魏晋时期，行书流行起来，其中名气最响的作品当属王羲之的《兰亭序》。这也是书法史上唯一一幅在文人聚会上诞生的伟大作品。你可能在博物馆或画册上看到过这幅作品，不过它们都不是王羲之的原作，而是后人的摹本。原作传说被唐太宗李世民带进了昭陵。不过，他生前曾命人临摹了副本。“临”是将原作放在一旁，对照着仿写。它力求神似，是一种模糊的复制手段。临写者往往会根据自己的书写习惯和艺术趣味改变原作。“摹”是把薄纸覆盖在原作上，用干笔将墨影轮廓仔细勾勒

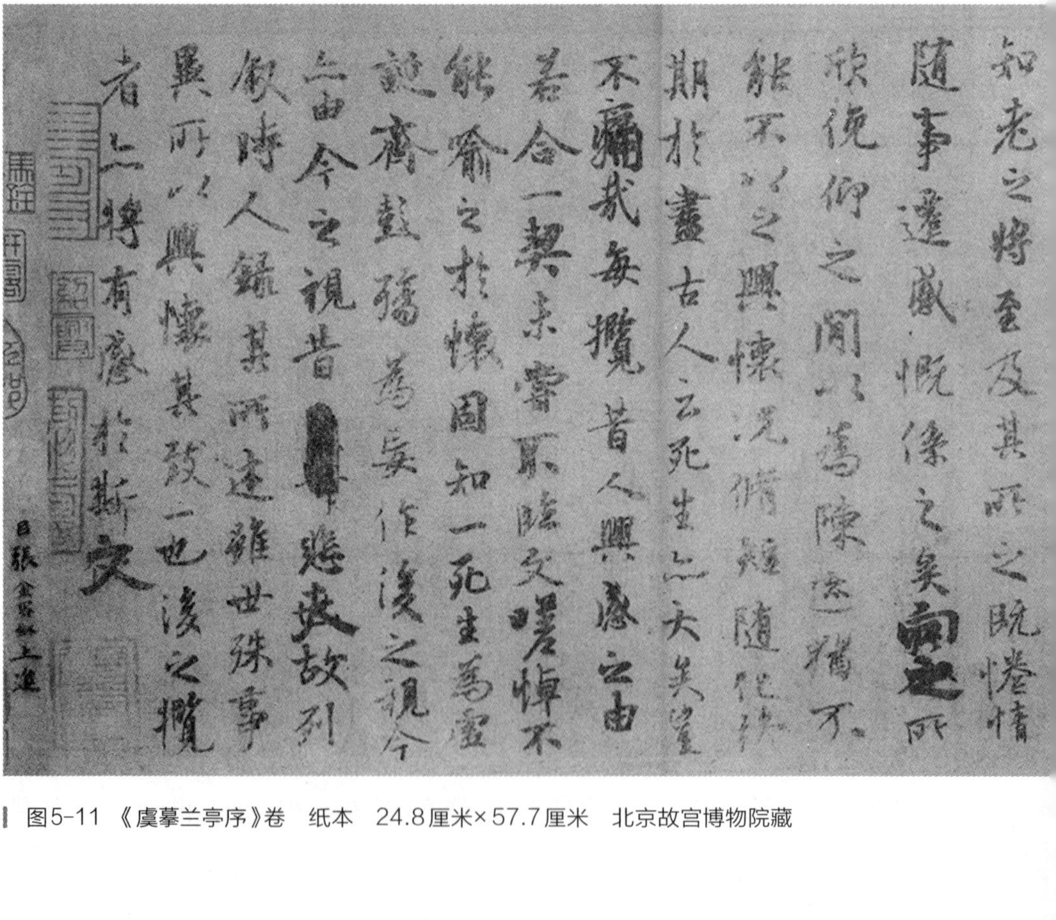

图5-11 《虞摹兰亭序》卷 纸本 24.8厘米×57.7厘米 北京故宫博物院藏

下来，再用毛笔蘸墨将空白处填满。它是一种更精准的复制手段。摹本可以最大限度地还原原作的面貌，好的摹本被认为只“下真迹一等”。著名的虞本、褚本、冯本、定武本，从不同层面展现了《兰亭序》的神韵。虞本（图5–11）为唐代勾摹本，至明代一直被认为是褚遂良摹本，后世据董其昌题跋改称虞世南摹本。褚本旧传为褚遂良所摹，后考证为北宋米芾以前的临摹本。冯本（图5–12）因卷首有唐中宗李显神龙年号小印，故称“神龙本”，据传由唐太宗时期的书法家冯承素临摹，在传世摹本中最为精美，最接近原迹。定武本为刻本，唐太宗命欧阳询临摹《兰

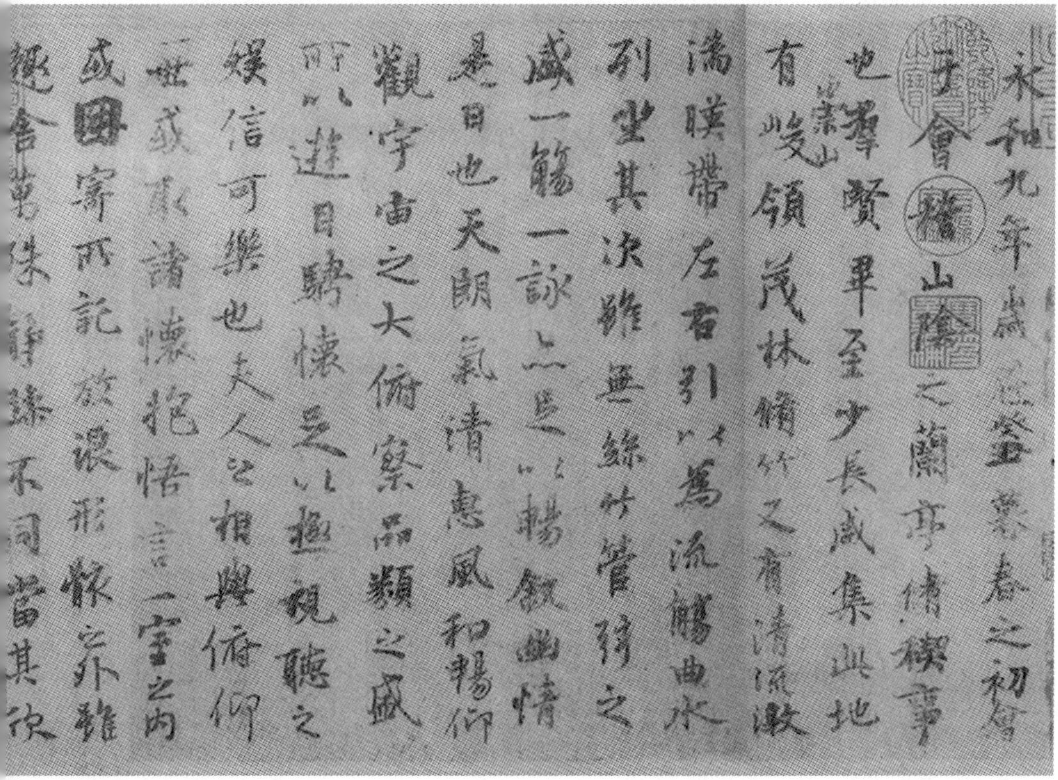

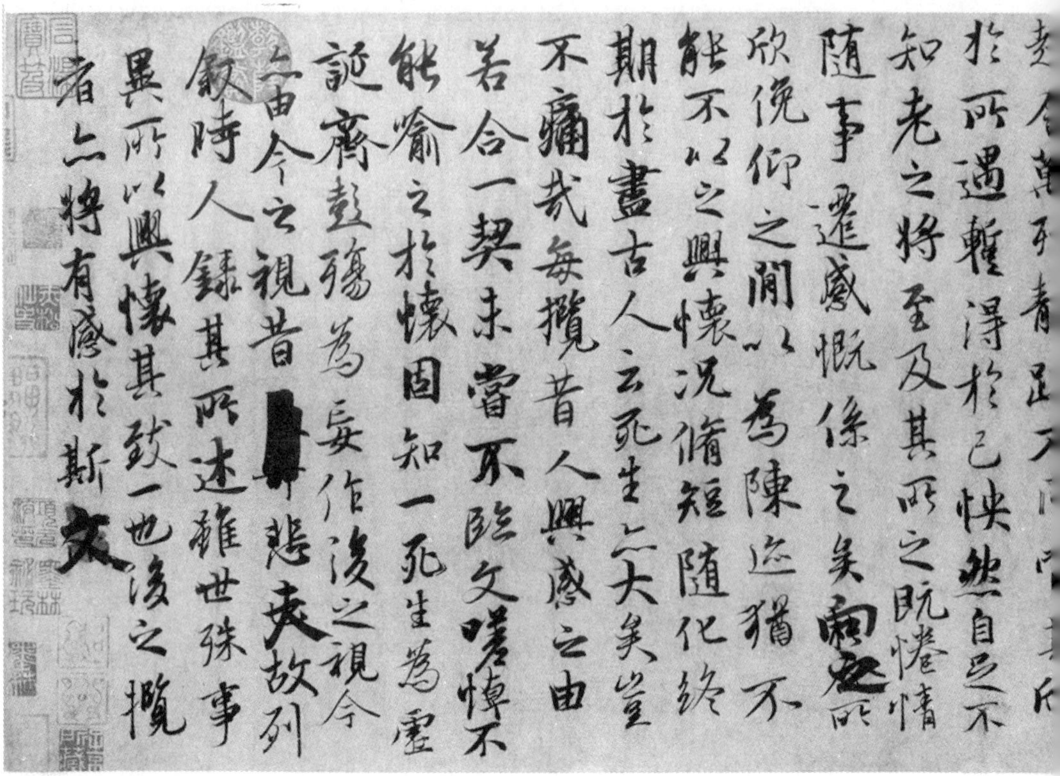

图5-12 《冯摹兰亭序》卷 纸本 24.5厘米×69.9厘米 北京故宫博物院藏

亭序》，刻石于学士院，后刻石被宋人发现，置于定州，宋时定州属定武军，因此该刻石的拓本称为“定武兰亭”。

既然有临、摹、刻等多种复制手段，《兰亭序》也就有不计其数的副本：不同人的临摹本、临摹本的临摹本、刻石的拓本、拓本的临摹本等等。就算是同一块刻石，考虑到磨损等因素，不同时期的拓本也不一样。因此，面对一幅《兰亭序》书法时，弄清它的源流还真不是一件简单的事。幸亏有这些副本，即便王羲之的真迹早已不在，他的艺术和声名依然长久流传。

王羲之的《兰亭序》“遒媚劲健，绝代更无”（何延之，《兰亭

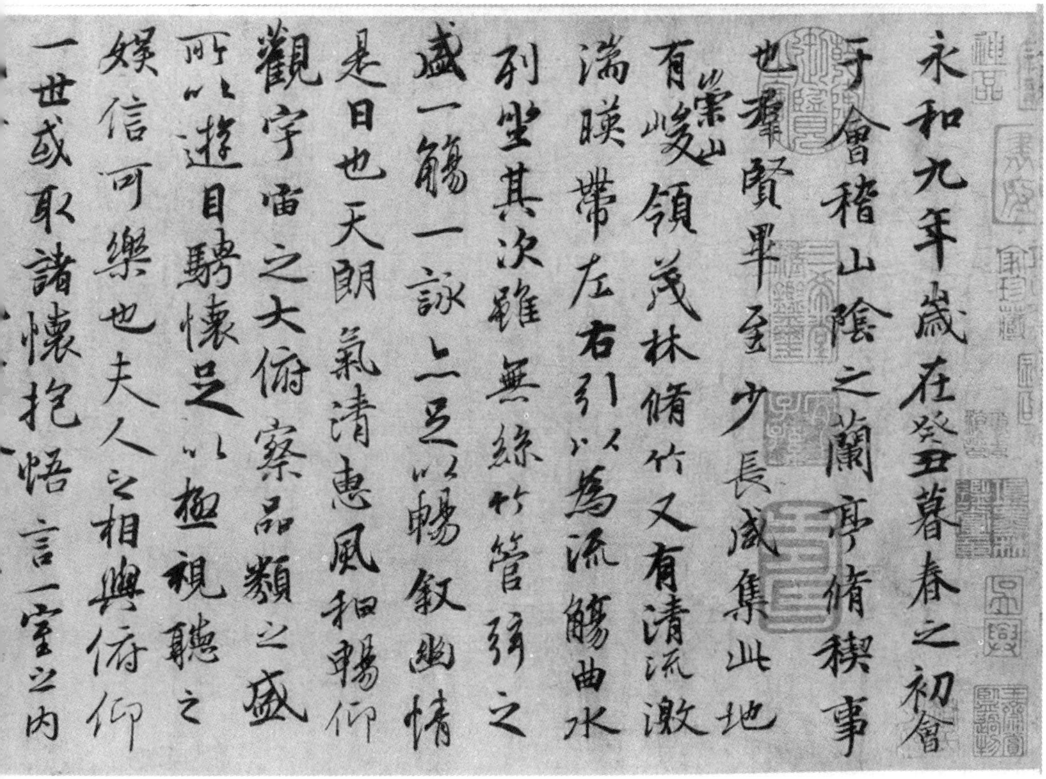

记》)。其中出现的二十个“之”字竟然没有雷同的。后世书法家也尽力遵循这条金科玉律，力求用不同的方式来书写同一个字，特别是在行草书法中。

《兰亭序》名闻天下，可也有人说它根本不是王羲之的作品。怀疑的依据是他的堂弟王兴之的墓志。墓碑和墓志都刻有死者生前的事迹，但也有不同：墓碑竖立在墓前，人人可见；墓志形制更小，埋在墓中，一般人看不到。墓志的产生与曹操的禁碑令有关。曹操禁止人们立碑：一来，抑制东汉以来的厚葬之风，恢复战乱后的经济；二来，曹操自己曾在军中设立“摸金校尉”“发丘中郎将”等专门盗墓的官职，他清楚墓碑越显眼越容易招来盗墓人。墓志是魏晋时人们应对禁碑令的变通之策——将刻石埋入墓中，既记载了逝者的生平事迹，又不至于违反国家法令。1965年，在南京郊外出土了王兴之夫妇的墓葬。墓志上的字虽似楷书，却保留着许多隶书的特征：笔画方厚平直，棱角分明，点呈三角形。怀疑者由此提出：王兴之的墓志和《兰亭序》是同时代的作品，书法风格却迥然不同，前者质朴端正，后者风流跌宕。怎么会有如此之大的差异呢？《兰亭序》的书法风格对于东晋人来说是不是过于“先进”了？它会不会是后代人伪造的呢？怀疑者或许忽略了一点：风格的差异不能仅仅以技术发展来解释，也有可能是功用不同造成的。书刻碑志用的书体要比日常书写中的保守一些。即便在隶书盛行的汉代，人们在书刻碑额时仍喜欢用古老的篆书，以显庄严。《兰亭序》不是庄重的墓志，而是在私人聚会场合兴之所至的书写，采用的自然是更能表现性情的行草。

千秋书家

初唐三家：欧阳询、虞世南、褚遂良

大多数人可能都对唐代书法感到亲切，因为小时候临习的字帖几乎都是唐代书法家，如颜真卿、柳公权、欧阳询等人的楷书，街上也经常能看到以这些书体写成的招牌匾额。唐代楷书能独树一帜、流传久远，并非偶然。朝廷极为重视书法，一手遒美的楷书（书），与出众的身材相貌（身）、流利的口头表达（言）、良好的公文书写能力（判）同为选拔官员的四大标准。被后世尊为“初唐三家”的欧阳询、虞世南、褚遂良，无一不是擅长楷书的名家。

欧阳询是唐代书法的开山人物，不过他人生的大部分光阴是在隋代度过的，入唐时已经是年逾六旬的老人了。欧阳询身世坎坷，出身官宦世家，他十四岁那年父亲因谋反被诛，全家遭受牵连。欧阳询及时躲藏，独免于难，后来被父亲的好友、文学家江总收养。欧阳询聪颖好学，读书一目十行，少年时就博览古今。他尤其喜爱书法，几乎达到痴迷的程度。有一次欧阳询外出，在路旁看到西晋书法家索靖写的一块石碑，他在马上观看了很久，才恋恋不舍地离去。可刚走几步，又忍不住折返，下马站着继续欣赏。他越看越入迷，累了就在地上铺块毡子坐下看；天晚了，干脆在石碑旁睡下，醒来接着揣摩。一连坐卧了三天，他才离去。如此用心，书艺自然精进。欧阳询的楷书在唐初影响很大，人们争先恐后地收藏他的尺牍，当作书写的典范。高丽国甚至派遣使者来唐朝，专门求购欧阳询的书法作品。这事惊动了唐高祖李渊，他感叹道：没想到欧阳询的名声如此之大，连远方的人都知道；他们看到欧阳询的笔迹，一定以为他是个形貌魁梧的人吧。皇帝的这句评价透露出两个重要信息：欧阳询身材矮小；他的字与他的人面貌迥异。那么，欧阳询的字有什么特点呢？人们多用“劲峭”“刻厉”“险峻”等词评价他的书法风格。《九成宫醴泉铭》（图5-13）是欧阳询晚年的代表作。碑文由名臣魏徵撰拟，欧阳询书写，记述了唐太宗在九成宫避暑时发现醴泉之事。发现泉为何要立碑纪念呢？古代皇帝称为“天子”，意为“奉天承运”，是天命所归。可是上天看不见摸不着，怎么知道上天对自己在人间的儿子到底满意不满意呢？就得靠祥瑞了。祥瑞可以是珍禽异兽、奇花异草等物，也可以是彩云、甘泉、瑞雪之类非同寻常的自然现象。九成宫涌出的醴泉，无疑显示

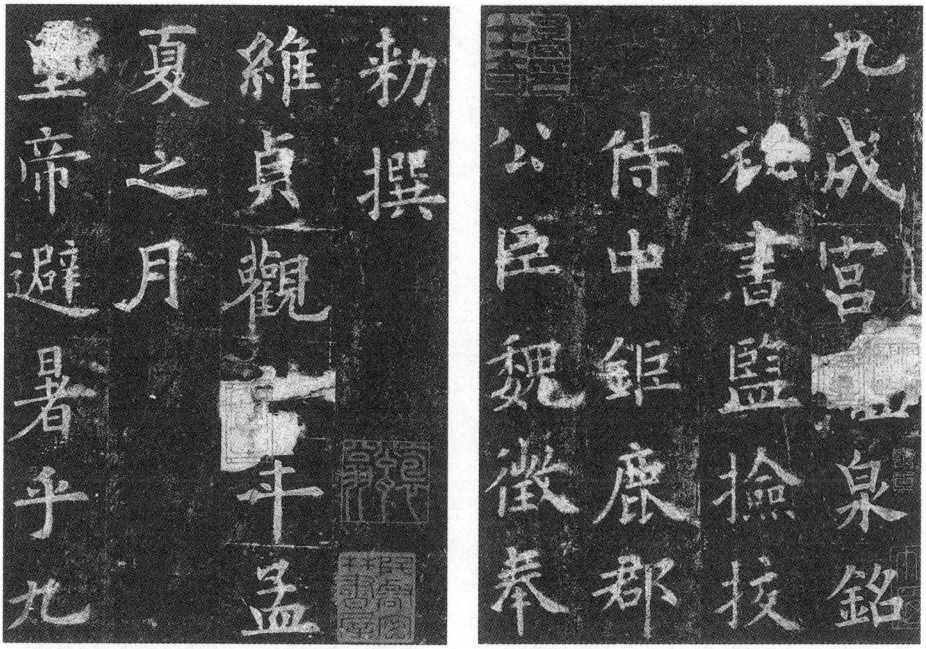

图5-13 《九成宫醴泉铭》(局部)(拓本)
高247厘米　宽120厘米　厚27厘米　麟游县博物馆藏

出唐太宗的贤德圣明。唐太宗在玄武门之变中杀死了长兄和四弟，后又逼迫父亲将皇位传给自己。他虽为一代明君，但毕竟得位不正，所以更需要甘泉这样的祥瑞来昭告世人，自己是真命天子。《九成宫醴泉铭》上的字形体修长，笔画瘦硬挺直，结构森严。结字重心偏低，却呈现出峥嵘高耸的态势，看似平正，实则险劲。明代陈继儒形象地描绘了此碑拓本给人的观感："此帖如深山至人，瘦硬清寒，而神气充腴，能令王者屈膝，非他刻可方驾也。"欧阳询的字给人一种瘦削、清癯、高贵的印象，而他本人不但身材矮小，而且"貌甚寝陋"(《旧唐书》)，两者对比很鲜明。

欧阳询的传世书法中还有一幅行书作品——《仲尼梦奠帖》(图5-14)。此帖共78字，大意是说人终有一死，善恶报应

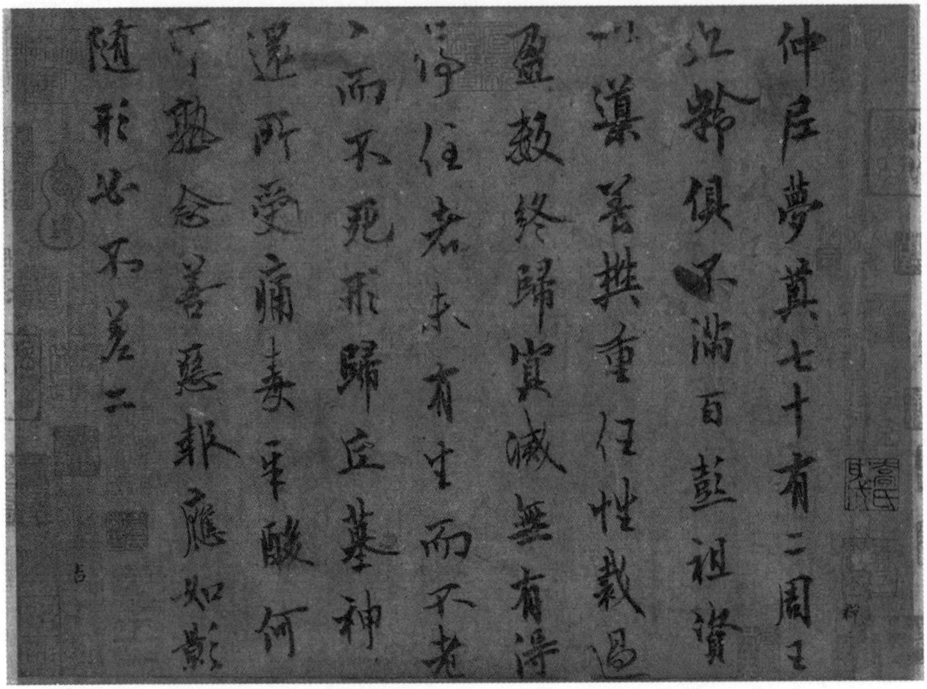

图5-14 《仲尼梦奠帖》 纸本 25.5厘米×33.6厘米 辽宁省博物馆藏

如影随形。书写碑文是官方行为，要郑重端严，收敛个人风格；用行书写帖则少了顾忌，更显书家的本来面目。此帖运笔疾利，锋芒毕露。《书法苑》说帖上的字“森森然若武库矛戟”（郭天锡，《仲尼梦奠帖跋》）。《唐人书评》喻之为“金刚瞋目，力士挥拳”。

与欧阳询一样，“初唐三家”中的另一位——虞世南入唐时也已年逾六旬。欧阳询是太祖李渊的亲信，太宗继位后对他只算礼遇，并不亲近。虞世南则不同，他是玄武门之变中李世民智囊团的成员，尽管年事已高，却深受倚重。太宗对虞世南评价极高，说他一人兼具五种难得的品质和特长：博闻、德行、书翰、辞藻、忠直。“书翰”即指书法。虞世南曾拜智永为师，深得王羲之书艺的精髓。太宗是王羲之的忠实“粉丝”，对擅长王字的虞世南自然格外宠信，经常不亦乐乎地同虞世南讨论王羲之的书法。太宗费尽心思得到了名满天下的《兰亭序》，特命虞世南临写了一本。还有一次，太宗命虞世南将《列女传》书写在屏风上，当时虞世南居然没用底本，而将全文默写下来了，而且一个字都没有写错。这个故事说明虞世南具有深厚的文学素养和惊人的记忆力，也说明书法具有一个实用性功能——书写屏风上的教谕性文字，既作为装饰品供君王妃嫔欣赏，又为他们提供道德教育的范本。

虞世南的传世书迹很少，比较可靠的碑志仅可见《孔子庙堂碑》。《孔子庙堂碑》是为记述孔子三十三世孙封为褒圣侯及孔庙修葺之事而立的。原碑早已毁坏，现存刻石有两块：一块在西安碑林，是北宋时重新摹刻的，称为《西庙堂碑》(图5-15)；另一块在山东成武县，称为《东庙堂碑》。从拓片可以看出虞世南的楷书文雅恬静、含蓄宽和，跟欧阳询书法劲险刻厉的风貌很不一样。唐

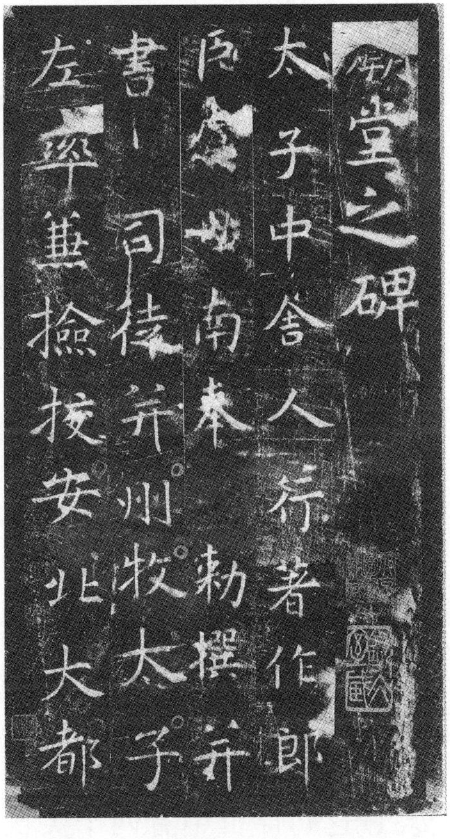

图5-15 《西庙堂碑》(局部)(拓本)
陕西省博物馆藏

代书法评论家张怀瓘在《书断》中对比欧、虞二人的书法，说虞字“内含刚柔”，欧字“外露筋骨”。欧字仿佛挥戈突进的猛士，虞字如同优雅稳重的礼仪官。在张怀瓘看来，“君子藏器，以虞为优”，因此虞字比欧字更胜一筹。“君子藏器”的典故出自《周易》，是劝人韬光养晦，尽量低调。内敛与张扬两种风格本来各有千秋，但古人将儒家道德引入书法评判，将书法风格和书家品格联系在一起。“字如其人”逐渐成为一种深入人心的观念，苏轼在《书唐氏六家书后》中对欧阳询书法的评价是：“劲险刻厉，正称其貌。”他认为欧阳询的书法和他的容貌一样，都反映出他的个性。

对于外柔内刚、不激不厉的虞世南，唐太宗十分信赖。他去世后，太宗伤心至极，甚至在数年之后还梦到这位臣子。他向魏徵诉苦，说虞世南走了，再也没有人可以跟自己讨论书法了。当时欧阳询还在世，可一来他年事已高，二来他的书法风格与虞世南不同，所以太宗没有视他为“可与论书”的知己。正当太宗苦恼之际，魏徵向他举荐了一个人，说此人“下笔遒劲，甚得王逸少体”（《旧唐书·褚遂良传》）。太宗听说被举荐的人擅长王羲之的书法，很感兴趣，当天就召见了他。这个人就是褚遂良。

我们在“成语篇”中讲过，成语“小鸟依人”就与褚遂良有关。唐太宗评价褚遂良时，曾深情地说：“褚遂良鲠亮，有学术，竭诚亲于朕，若飞鸟依人，自加怜爱。”（《新唐书·长孙无忌传》）这句评价中有两个关键词，一是“鲠亮”，也就是忠贞耿直。评语中的另一个关键词是“有学术”。这主要是指褚遂良的书法造诣。褚遂良的字秀丽端庄，时人评价他的书法：“字里金生，行间玉润，法则温雅，美丽多方。”（韦续，《墨薮》）《雁塔圣教序》（图5-16）是褚遂良的巅峰之作，最能代表他的书法风格。《雁塔圣教序》实为两座石碑的总称，矗立在西安慈恩寺大雁塔底层。上碑由太宗撰写，下碑由高宗撰写，均为褚遂良手书，颂扬了玄奘法师不远万里到印度求取佛经的壮举。因与两位皇帝、一位高僧和一位大书法家有关，千百年来它备受游人关注。碑文虽为楷书，却带着行书的笔势，结体摇曳多姿，婉媚遒逸，难怪有人用“美女婵娟”来形容褚字。除了善书之外，褚遂良还是一位眼光独到的鉴定大师。太宗喜欢王羲之的字，天下人争着献出王羲之的墨迹，其中真伪羼杂。除了褚遂良之外，无人能准确判断一件作品究竟是不是王羲之的真迹，所以大王作品真伪的鉴定工作几乎都由他一人主持。作为裁定者，褚遂良的判断

图5-16 《雁塔圣教序》(局部)(拓本) 现存陕西西安慈恩寺大雁塔

决定了日后流传的王羲之作品的面目。

草书高手：贺知章、张旭、怀素

唐代人思想开放，趣味多元。皇帝以隶书写《孝经》，还有人用草书写《孝经》。这件作品笔势放达，字形摇曳，虽然内容与庄重的《石台孝经》大致相同，却呈现风流的面貌。《草书孝经》（图5-17）的作者是贺知章，他以诗文著称，也是一位以草书见长的书法家。贺知章是会稽人，很受玄宗器重，官至秘书监。

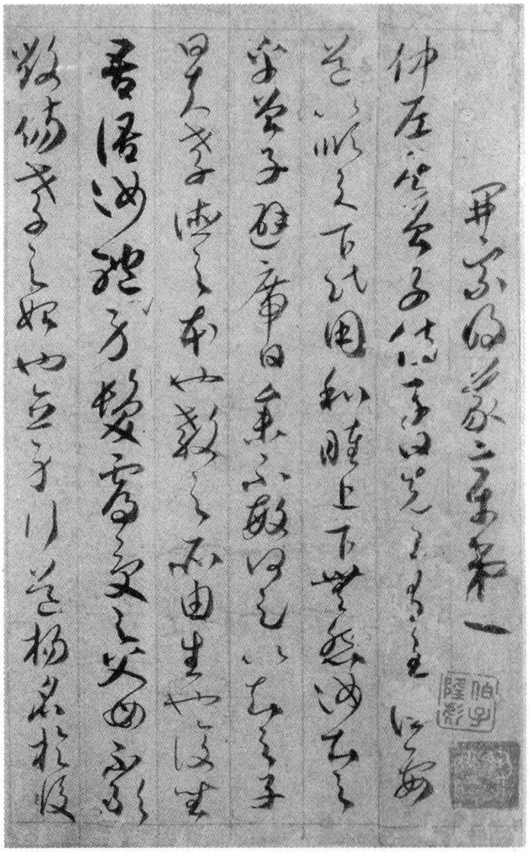

图5-17 《草书孝经》(局部) 纸本
26.0厘米×265.1厘米 日本宫内厅藏

“少小离家老大回，乡音无改鬓毛衰。”贺知章晚年辞官归故里时，玄宗亲自写诗赠别，并命太子率百官饯行。当时，好友李白也写了一首诗赠别：“镜湖流水漾清波，狂客归舟逸兴多。山阴道士如相见，应写黄庭换白鹅。”这首诗巧妙地化用了王羲之的典故，说王羲之曾书写《黄庭经》向道士换鹅，贺知章回乡后也可仿效此举。这是盛赞贺知章书法的高超绝妙。贺知章个性旷达洒脱，酷爱饮酒。杜甫《饮中八仙歌》中排名第一的就是贺知章："知章骑马似乘船，眼花落井水底眠。"说他醉酒后骑在马上前俯后仰，像坐船似的，结果醉眼昏花掉到井里，干脆在井底呼呼大睡。

于普通人而言，醉酒恐怕不雅，于艺术家则不然，有时反而能趁此创作出伟大的作品。贺知章的好友李白"斗酒诗百篇"，他的另一位好友张旭醉酒后"挥毫落纸如云烟"。张旭是第一位狂草名家，他的作品十有八九都是在醉后完成的。据《新唐书》记载，张旭"嗜酒。每大醉，呼叫狂走，乃下笔，或以头濡墨而书，既醒自视，以为神，不可复得也，世呼张颠"。张旭将自己的头发浸饱墨汁后书写，这简直是行为艺术了。更有意思的是，他醒来却感叹自己再写不出同样水平的字来。王羲之也曾发出类似的感慨。他在醉后写了《兰亭序》，醒来又反复写了好几十遍，但再也无法超越第一次的水准，只得喟然长叹"此神助耳，何吾能力致"(何延之,《兰亭记》)。张旭看自己醉后的作品时，也"以为神，不可复得"。可见，他们认为，最高级别的创造力并非源于艺术家本人，而是来自宇宙间的某种神秘力量。唐代美术史家张彦远在《历代名画记》中赞美画家吴道子的创作才能时，反复强调他是"神人假手""神假天造""合造化之功，假吴生之笔"。当然吴道子也嗜酒。艺术家喝醉后处于自然和放松的状态，"神"便可以借助他的笔去完成旷世杰作。

张旭与贺知章是至交，两人经常一起闲逛，"凡见人家厅馆好墙壁及屏障，忽忘机兴发，落笔数行如虫篆鸟飞，虽古之张、索不如也”（施宿，《嘉泰会稽志》）。可见，张旭与贺知章的字大多是书写在墙壁或屏风上的，这便于展示给大众看，却不易保留。张旭的传世书迹极少，现藏于西安碑林博物馆的《肚痛帖》刻石（图5-18）据说是根据张旭手迹摹刻的。全帖共6行30字：“忽肚痛不可堪，不知是冷热所致，欲服大黄汤，冷热俱有益。如何为计，非临床。”这大概是张旭腹痛时自我诊断的一纸医案。《肚痛帖》的前三个字“忽肚痛”字字独立，沉着稳健。从第四个字开始，便每行一笔到底，上下映带，缠绵相连。书法家越写越快，越写越狂，笔形有粗细，笔力有强弱，字形有大小，种种笔墨变化，意象迭出。最后一行“非临床”三个字，字形最为壮大，笔势若狂风骤雨，戛然而止。张旭的狂草气势澎湃，豪强劲健，据说他曾经观看公孙大娘舞剑器，从中获得了灵感。大诗人杜甫年幼

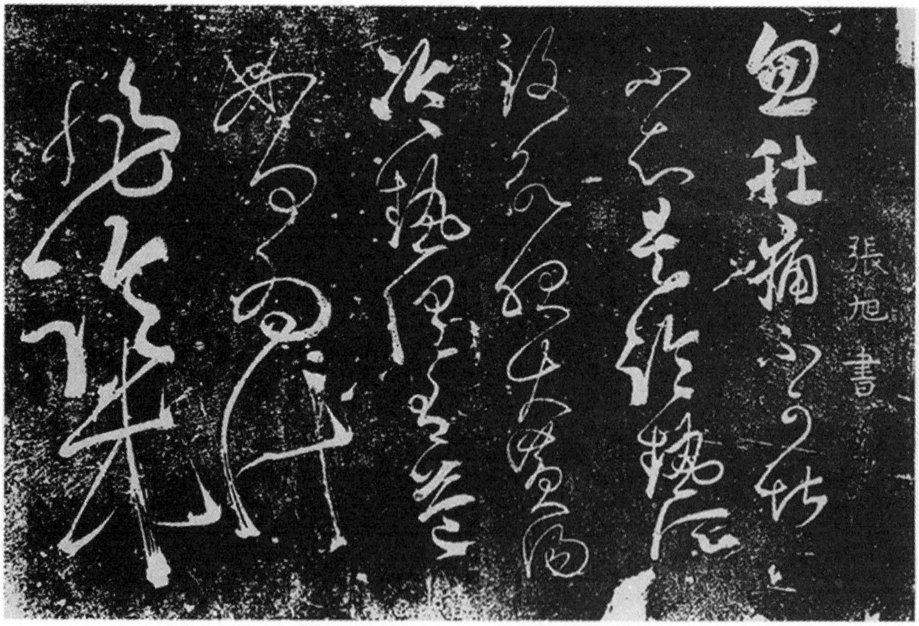

图5-18　《肚痛帖》（拓片）　41厘米×34厘米　西安碑林博物馆藏

时也看过公孙大娘弟子舞剑器，留下了极为深刻的印象，他后来在《观公孙大娘弟子舞剑器行》中写道："霍如羿射九日落，矫如群帝骖龙翔。来如雷霆收震怒，罢如江海凝清光。"张旭可能从公孙大娘舞剑中体会到一种力量与韵律的美感，将之带入自己的书写中。

张旭在当时名气很大，有个吴姓年轻人拜他为师，学习书法。年轻人很快意识到：自己无论怎么努力，在书法领域都很难超越老师。于是他改攻绘画，最终成为一代画圣。这个年轻人就是吴道子。苏东坡由衷地赞美过吴道子的艺术成就，认为绘画到了吴道子那儿算是达到了无可逾越的巅峰。吴道子是否真的因为学书不成转而学画，我们不能确定。但这个故事却透露出中国人的一个重要艺术观念：书画同源。书法和绘画在笔墨运用上有相同的规律。跟西方传统绘画强调对自然的模仿不同，中国画的关键并不在于色彩、明暗，而在于书法性的用笔。张彦远在《历代名画记》中讲述了人物画的发展，有意思的是，在谈到著名画家比如顾恺之、张僧繇、陆探微时，张彦远都会强调他们从某位书法家那里继承了笔墨技法。张芝、卫夫人、王献之、张旭他们的用笔技巧都深刻影响了画家的创作。吴道子跟张旭学写字，有了书法底子，画起画来笔法流畅，起落富于变化，充满了动势与活力。吴道子的真迹没有流传下来，我们可以从一件宋人临摹的《送子天王图》一窥其绘画面貌（图4-12）。这幅画里的线条用笔磊落遒劲，起伏变化，充满了立体感。这在人物的衣冠饰带上体现得尤为明显。

唐代有一位与张旭齐名的草书名家——怀素。怀素和尚与智永一样，痴迷于书法。他早年贫苦，买不起纸，就种了万余株芭蕉，在芭蕉叶上挥洒笔墨。怀素性格豪爽，虽为出家人，却不拘细节。《食鱼帖》（图5-19）是他写给朋友的一封信，大致意思是说：我在家乡长沙吃鱼，如今来到长安，大多吃肉，遭到凡庸之辈嘲笑，深感不便，因此生病很久了，等病好后再与诸位好好聚聚。怀素是美食爱好者，还有一幅《苦笋帖》（图5-20）也是关于美食的：苦笋和茶都异常佳美，您要是有，就直接给我送来吧。这一帖只有2行14字，但运笔迅捷，结体疏放，线条柔中寓刚，神采飞动。

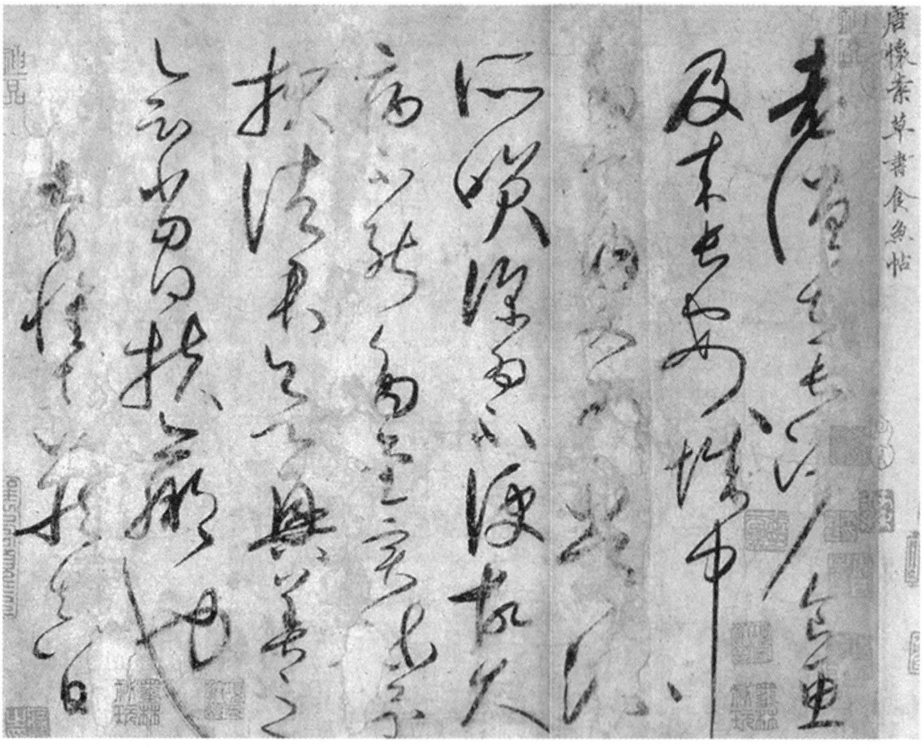

图5-19 《食鱼帖》（唐摹本） 纸本 29.0厘米×51.5厘米

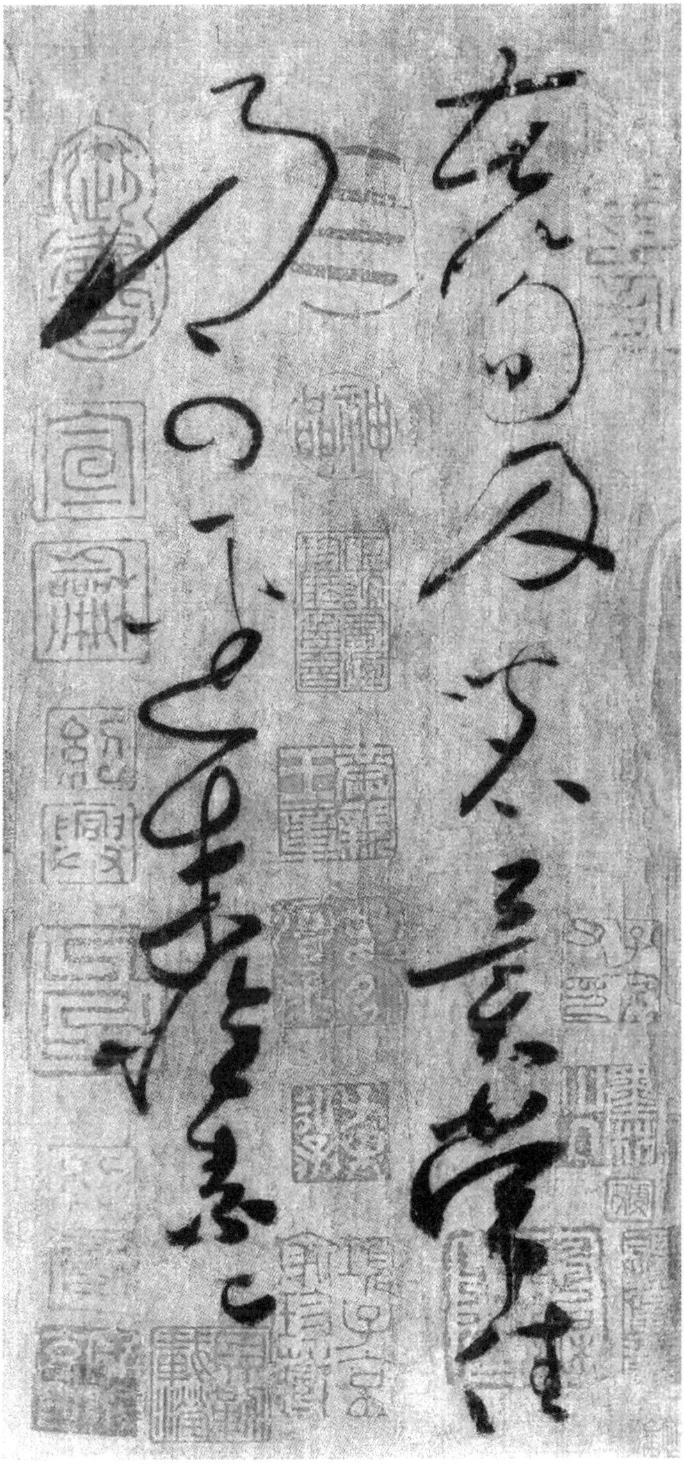

图5-20 《苦笋帖》 绢本 25.1厘米× 12.0厘米 上海博物馆藏

怀素不仅好美食，也好酒。酒酣兴发之时，他就在墙壁、衣裳、器皿等上面到处写字。当时有不少人见识过怀素酒后书写的情景，有的还专门写诗记录。比如李白在《草书歌行》中写道：“吾师醉后倚绳床，须臾扫尽数千张。飘风骤雨惊飒飒，落花飞雪何茫茫。起来向壁不停手，一行数字大如斗。”在任华的《怀素上人草书歌》中，怀素的酒量颇大，“十杯五杯不解意，百杯已后始颠狂”，而一旦进入癫狂的状态，他便“大叫一声起攘臂。挥毫倏忽千万字，有时一字两字长丈二”。窦冀也作有《怀素上人草书歌》，说怀素“鱼笺绢素岂不贵，只嫌局促儿童戏。粉壁长廊数十间，兴来小豁胸襟气”，写字时围观的人越多，怀素就越来劲，“长幼集，贤豪至，枕糟藉麴犹半醉。忽然绝叫三五

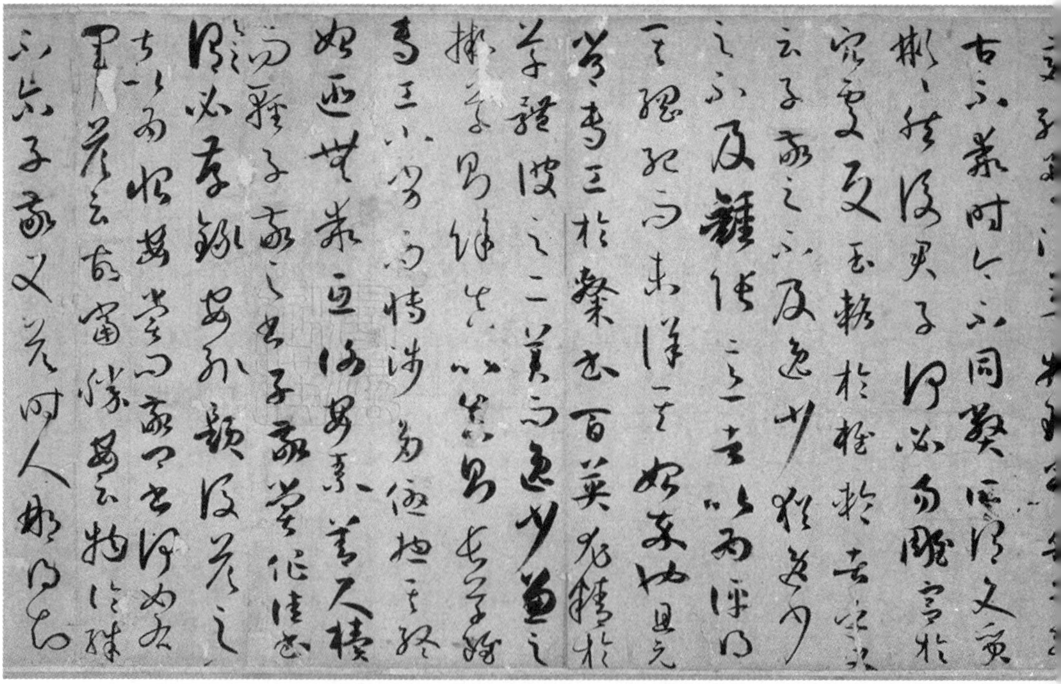

图5-21 《书谱》(局部) 纸本 26.5厘米×900.8厘米 台北故宫博物院藏

声，满壁纵横千万字”。和张旭用头发浸墨书写一样，怀素的书写也带有某种表演性质，但他并非为了取悦他人而表演，而是在书写时进入了一种忘我的境界。浓厚的气氛控制了观众，书写者在与观众激烈的互动中完成书写的过程。

唐人陆羽在《释怀素与颜真卿论草书》中记载，有一次，一位朋友与怀素谈论书法。怀素道：我观察夏天的云，仿佛形态各异的奇峰异岭，我便有所体悟；用笔痛快时，线条就像鸟儿飞冲出树林，又如受惊的蟒蛇钻入草丛，我甚至能从墙壁裂缝的痕迹领悟用笔之道。书法家从自然中获得灵感，正因为如此，笔画中包含了丰富的意象。唐代书法家孙过庭在《书谱》（图5–21）中也用多种自然现象来比拟笔画之精妙：“悬针垂露之异”“奔

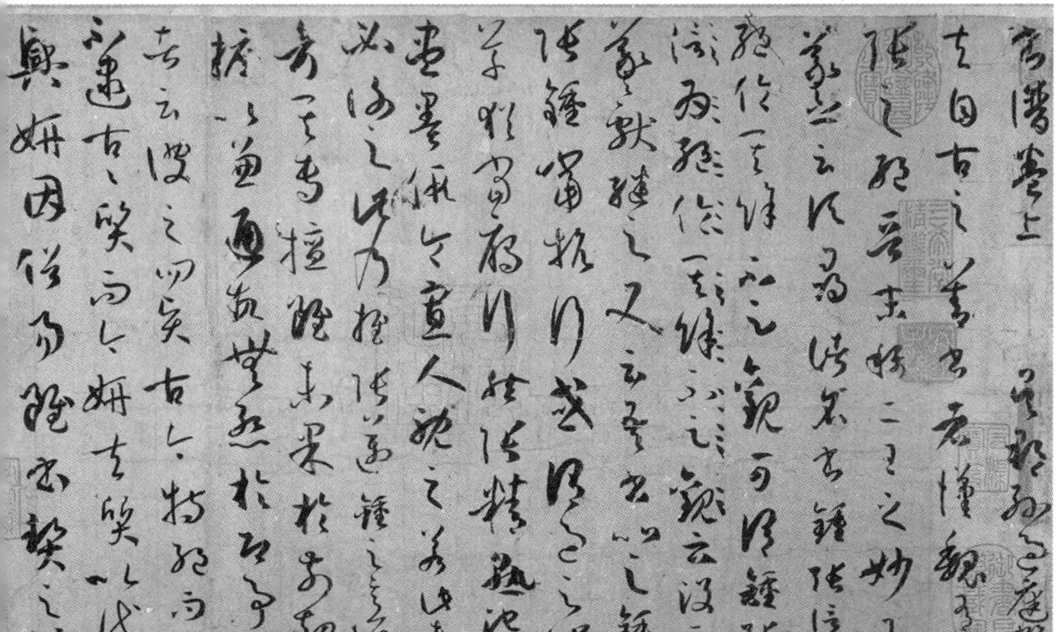

雷坠石之奇”“鸿飞兽骇之资”“鸾舞蛇惊之态”“绝岸颓峰之势”“临危据槁之形”“纤纤乎似初月之出天涯”“落落乎犹众星之列河汉”。朋友听了怀素的一番见解后笑着说：从‘屋漏痕’不也可以悟得用笔的方法吗？怀素一听，连忙起身，紧紧握住朋友的手：‘屋漏痕’的比方极好，看来您早已参透了用笔的奥秘。

字如其人：颜真卿与柳公权

怀素的这位朋友深谙用笔之道，是因为他也是一位书法大师。他就是颜真卿。颜真卿家世颇为显赫，据他自己撰文并书写的《颜氏家庙碑》(图5–22)记述，他的先人可以追溯到孔门弟

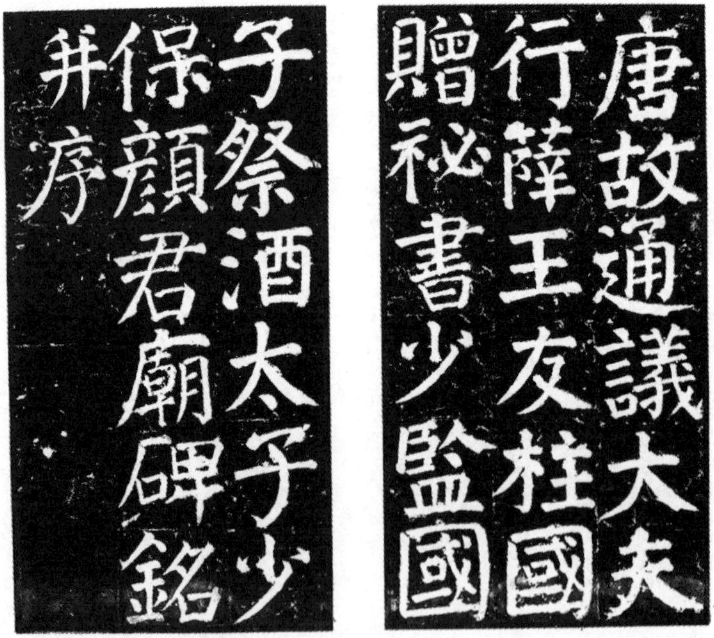

图5-22 《颜氏家庙碑》(局部)(拓本) 高338厘米 宽176厘米 厚40厘米 西安碑林博物馆藏

子："孔门达者七十二人，颜氏有八。"其中最著名的大概就是深得孔子喜爱的颜回了，"一箪食，一瓢饮，在陋巷，人不堪其忧，回也不改其乐"（《论语》）。颜真卿的五世祖颜之推是南北朝时期文学家，他撰写了现存的最早家训《颜氏家训》。颜之推擅长书法，却在家训中告诫子孙不必过于精通它（"此艺不须过精"），千万不要以书法家自居（"慎勿以书自命"）。如果你知道韦诞因为上高台题写匾额而惊恐过度、发誓不写楷书的故事，就会明白颜之推的一片苦心了。颜真卿师从张旭学习书法，又曾与怀素探讨用笔之道。他的书法功底扎实深厚，却遵循祖训，并不以书法家自居。《颜氏家庙碑》是颜真卿为纪念父亲而刻立的，在碑文中颜真卿叙述了自己从进士及第以来一路为官的履历，他担任过县尉、御使、尚书等职，还曾被朝廷外派为节度使、礼仪使，受封为鲁郡公。所以世人又尊称他为"颜鲁公"。至于他的书法成就，颜真卿一句也没提。

比较颜真卿的楷书与"初唐三家"，特别是褚遂良的字（图5-16），会发现显著的不同：褚字温润秀美，仪态万方；颜字厚实圆浑，稳健刚强。初唐的书法家，如虞世南和褚遂良，都深受王羲之的影响，而颜真卿则在优雅遒媚的"二王"书风之外，开创了另一种风格。欧阳修认为颜真卿的楷书端严尊重，"如忠臣烈士，道德君子"，初见时可能会心生畏惧，但看的时间越长越觉得可爱。那么颜真卿的字为什么会呈现出刚劲雄浑的面貌呢？欧阳修认为原因在于，"斯人忠义出于天性，故其字画刚劲独立，不袭前迹，挺然奇伟，有似其为人"（《集古录跋尾》）。颜真卿为人

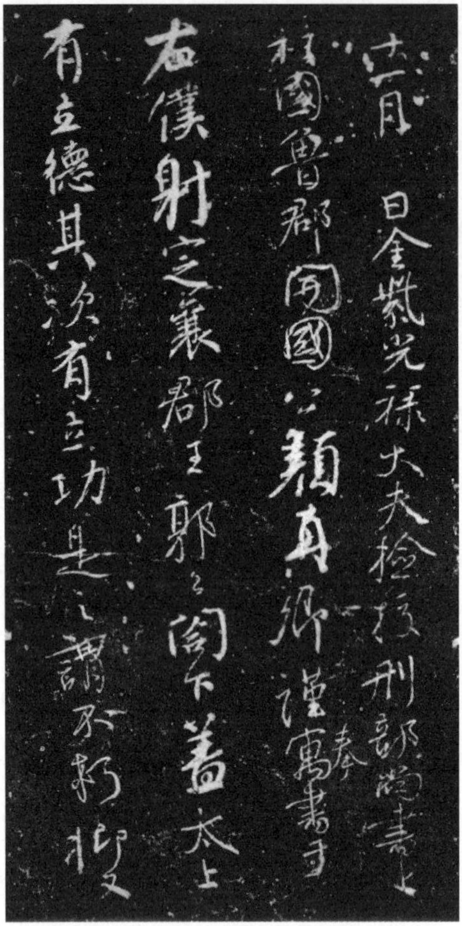

图5-23 《争座位帖》(局部)(拓片)
107.5厘米 ×69.5厘米 西安碑林博物馆藏

刚正耿直，他的字正像他的为人。

颜真卿生活在唐代由盛转衰的时期，他宦海沉浮，屡遭排挤，却始终一身正气、不党不阿。当时宦官鱼朝恩专权，骄纵跋扈。为了讨好他，大臣郭英乂竟然在两次隆重的典礼上违背宫廷礼仪，把鱼朝恩的座次排在了尚书之前。一般人即使看不惯，但碍于鱼朝恩的威势，也都睁只眼闭只眼。颜真卿却愤然提笔，写了一封“致郭英乂的公开信”，发出严正告诫，甚至斥责他的行为“何异清昼攫金之士”，就是光天化日抢钱的人。在这封被后人称为《争座位帖》(图5-23)的信中，一股刚烈之气跃然纸上，令人读来肃然起敬。《争座位帖》原迹已佚，现存刻石。在颜真卿晚年，军阀李希烈叛变，奸相卢杞嫉恨颜真卿，便派他前去劝降。颜真卿明知卢杞要置自己于死地，却忠于朝廷，毅然前往。李希烈威逼利诱，想收服颜真卿，但颜真卿根本不为所动。李希烈扬言要活埋他，颜真卿泰然自若地说“死生天定”；

李希烈的部下堆积柴草，威胁要烧死他，颜真卿干脆站起身自己往火里跳；李希烈称帝，派人询问他登基典礼的规范，颜真卿冷冷地答道：老夫曾掌管国家礼仪，只记得臣子朝见皇帝的礼仪，从不知臣子僭越称帝的礼仪！最终，颜真卿惨遭叛军杀害。颜真卿的忠义品格受到后世景仰，正因如此，欧阳修才会将他的书法与为人联系起来。颜真卿是道德楷模，他的字也就更加受人推崇。

人们将颜真卿雄浑阔大的楷书称作“颜体”。然而，颜真卿除了长于楷书之外，行书也写得出神入化，其中最为有名的一幅作品是《祭侄文稿》(图5-24)，这是他为祭奠堂侄颜季明而书写的。天宝年间，安禄山兵变，唐玄宗出奔，江山危在旦夕。当时，颜真卿镇守平原，他的堂兄颜杲卿镇守常山，颜杲卿的三子颜季明往返平原、常山两地，传递消息。后来常山被安禄山大军包围，太原节度使拥兵不救，致使城破，颜杲卿父子双双被俘。敌军以颜季明的性命要挟，逼迫颜杲卿投降。颜杲卿破口大骂，被拔去舌头。最后，父子两人惨遭杀戮。归葬时，颜杲卿只剩一足，颜季明仅存头颅。面对亲人残破的身躯，颜真卿怀着悲愤之情写下了《祭侄文稿》，悲家国之痛，愤贼臣之奸，伤青春之逝。这是一份未来得及誊抄的草稿，颜真卿运笔迅疾，一气呵成，其中有许多横涂纵抹的删改之处。文稿中的字大小不一，间距疏密开合，墨色时枯时浓，给人以丰富鲜活的视觉印象。《祭侄文稿》有“天下第二行书”的美誉，地位仅次于王羲之的《兰亭序》。不过，颜真卿并不是把它当成一件艺术品来创作的，而是

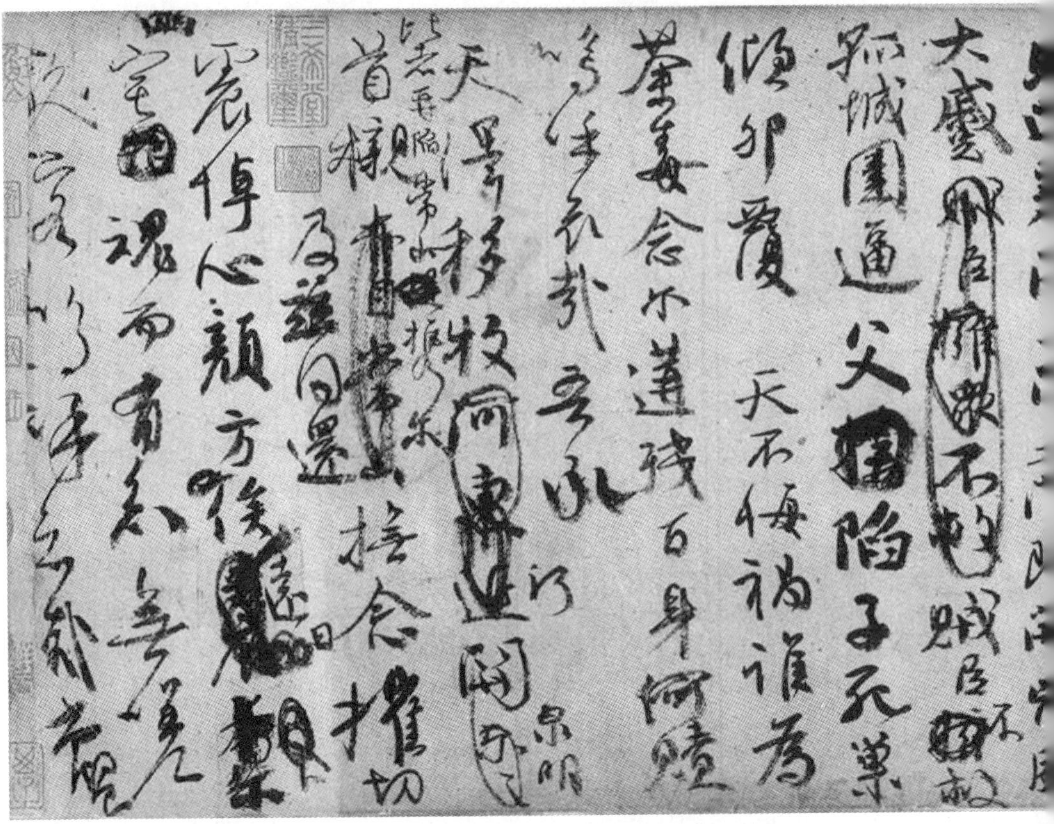

图5-24 《祭侄文稿》 纸本 28.3厘米×75.5厘米 台北故宫博物院藏

在血泪并迸时、哀恸愤慨中，不能自禁地写下这篇文稿的。没有筹谋，无意工拙，一泻千里，满篇狼藉。元代收藏家张晏在文后的跋中道出了它的魅力所在。他认为，从审美的角度看，官员委任状之类的官方文件不如书信，而书信又不及文章的草稿。因为官方文件要求端严庄重，用楷书；书信出于一时的意兴，用笔放纵自由；至于草稿，作者书写时根本不在意形态是否合乎审美标准，正因为毫不刻意，心手两忘，反倒妙趣横生。

在"天下第一行书"《兰亭序》中我们可以感受王羲之从容平和的心绪，在"天下第二行书"《祭侄文稿》中我们可以体会

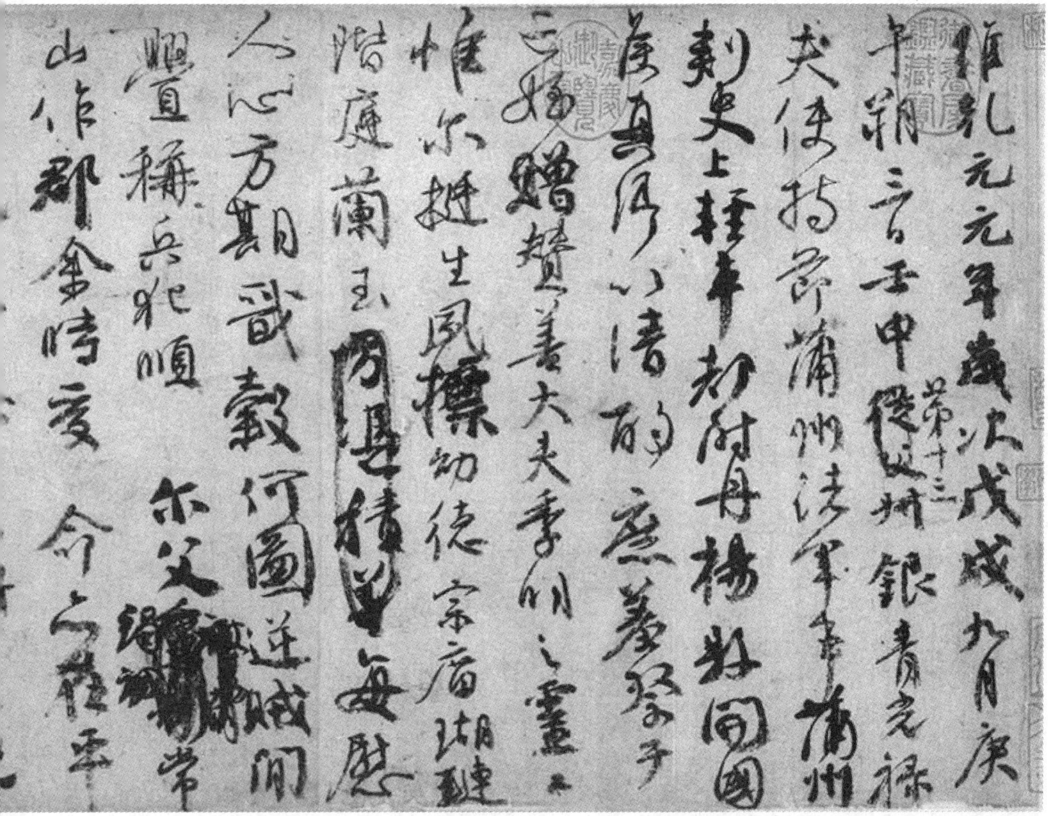

颜真卿激愤伤痛的情绪。我们常把古人的书法称为墨迹、书迹。“迹”有“可循”的意思，我们从书法中既可以看出书写者运笔的势态，也可以窥见他们心灵的痕迹。

中国人将书法看成一个人的学识、才华、品德的印迹，“书者，心画也”（扬雄，《法言》）。和忠义耿介的颜真卿一样，柳公权也是“字如其人”的典范。唐穆宗非常欣赏柳公权的字，问他如何用笔才能尽善尽美。柳公权的回答掷地有声：“用笔在心，心正则笔正。”穆宗一听，脸色大变。原来，这位皇帝荒淫放纵，不留心政事，他知道柳公权是在借说笔法之机劝诫自己！柳公权因为杰出的书法造诣而被授予官职，他侍奉了穆宗、敬宗、文宗三朝皇帝，担任侍书，就是专职书法教师，受到皇帝的礼敬。唐文宗大大赞扬柳公权的字，说即使钟繇、王羲之复生，也不可能超越柳公权。尽管深受皇帝宠信，柳公权却以“专业书法家”的身份为耻。他的哥哥柳公绰曾在给宰相的信里写道：我弟弟苦心钻研文章之道，却只能在先朝担任侍书；侍书跟掌管祭祀祝祷的官吏没什么区别，他心里很不痛快；您看看能不能给他调换岗位？（《旧唐书》）柳公权自幼好学，十二岁时便能作辞赋，年纪稍长，便精通《左传》《国语》《尚书》《诗经》等经典。他以治国平天下为己任，当官不久便以笔谏的方式劝导皇帝。柳公权虽然满怀政治抱负，但他的书法名声太过显隆，掩盖了其他才华。当时，公卿大臣为先人立碑，得不到柳公权亲笔书写的碑文，就会被世人指责为不孝。柳公权的声名甚至远播海外，外国使臣来唐朝进贡会提前备下专款，用于购买柳公权的书作，回国珍藏。

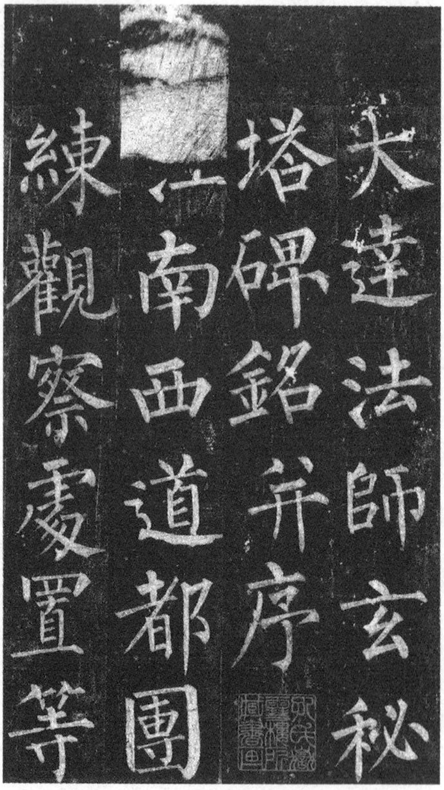

图5-25 《玄秘塔碑》(局部)(拓本)
386厘米×120厘米 西安碑林博物馆藏

《玄秘塔碑》(图5-25)是柳公权的代表作。柳公权生活在唐代晚期，全面学习了钟、王、欧、虞、褚等前辈的书法，他的字兼具欧阳询的峭劲、虞世南的文雅、褚遂良的遒美。苏轼在《书唐氏六家书后》中认为，柳公权“本出于颜，而能自出新意”，他在颜真卿书法的基础上进行了创新。颜、柳两人的字都稳重刚健，但仍有差异：颜字丰腴肥厚，柳字则骨力遒劲、棱角分明，更加均匀瘦硬。因此，人们便用“颜筋柳骨”概括他们二人的风格。

今天我们将《玄秘塔碑》当作一件珍贵的艺术品，但它和之前我们提到的诸多石碑一样，有着实用的目的。玄秘塔碑是为了纪念高僧大达法师而建造的，碑文记述了法师为佛教事业尽心竭力的事迹。唐代佛教盛行，很多石碑都是为了传播佛法、赞颂高僧的事迹而造。不过，刻碑花费很高，通常只有皇室和官府才负担得起。平常的善男信女则会选择另一种更加经济的方式持守信仰——抄写经文。写经在南北朝时就已经风行，到了唐代依然不衰。人们希望得到庇佑，实现消灾除病、早离边关、家人平顺、逝者安息等各种愿望。将抄写好的佛经舍入寺庙，就是做功德。这种方式比起塑造佛像、修建寺庙、刻立石碑，不但开支要小得多，且方便易行。亲手抄经固然好，可也有许多人或不通文墨或工作太忙，只好雇人，比如僧人、居士或擅长书法的人代抄。抄经做功德的风尚日益盛行，顺应这种需求，出现了一批职业抄经人——经生。

写经是一项极其需要职业精神的工作。经生受人钱财，自然要对雇主负责。写经发愿的灵验程度与抄写者的心境、态度、水平都有关系。要是抄写得马虎，功德主岂不是要愿望落空！

此外，经生还要对佛祖菩萨负责，经文是奉献给他们的，如果潦草敷衍以致佛祖怪罪，如何了得！还有，经文在舍入寺庙之前要经过僧人逐字校对，杜绝一切偷工减料的可能。肩负着双重责任、面对着严格的产品监控，经文的书法质量得到了保证。比如，敦煌出土的唐人抄经手卷，书法端庄秀润，一笔一画严谨仔细，毫无苟且。经生都写得一笔好字，不过他们并不能像贺知章、张旭等文人士大夫那样以书法彰显个性风采。他们的书法是满足他人需求的"产品"，而非表现自我的"作品"。

经生有强烈的职业规范意识，书法风格受到了"佛经"这一宗教用途的局限。尽管如此，他们的楷书至今仍令人赏心悦目。唐代的书法审美水平提高了，出现了欧阳询、虞世南、褚遂良、颜真卿、柳公权等楷书大家，经生不仅受到时代趣味的影响，也从这些大家的书作中学习、吸收了不少技法。

全能书家：赵孟頫

宋徽宗的画是精细巧密的工笔作品，多用双勾线条，他采用瘦劲的楷书，书与画配合得十分和谐。请你想想，一幅写意风格的画配什么书体比较合适呢？《秀石疏林图》(图5–26)是文人写意画的代表，画家以简洁生动的笔墨描绘了古木修竹间的一块秀石。若干年后，画家再为画作题跋，采用了自然随意的行书，与画面风格完美配合。《秀石疏林图》的作者是在诗书画三方面皆造诣非凡的大家——赵孟頫。

赵孟頫是宋太祖赵匡胤的十一世孙，不过在他二十五岁时，南宋就灭亡了。三十多岁时，赵孟頫受到元世祖忽必烈召见。他的才学风度令忽必烈赞不绝口，称他为“神仙中人”。在元朝，赵孟頫接连受到五位君主赏识，一升再升，最终官居一品，封魏国公，推恩三代。元仁宗曾列举赵孟頫七大优点，都是一般人望尘莫及的：“帝王苗裔，一也；状貌昳丽，二也；博学多闻知，三也；操履纯正，四也；文词高古，五也；书画绝伦，六也；旁通佛老者，造诣玄微，七也。”(《元史》)也就是说，赵孟頫出身好，长得帅，学问高，人品佳，文章妙，书画强，还精通佛教、道教。对这样血统高贵、才能全面的知识分子，元朝皇帝当然要极力笼络。

赵孟頫的书法成就极其突出。一般来说，书法家都有自己擅长的书体，比如怀素擅长草书，颜真卿的特长在楷书与行书。赵孟頫却很全能：不但楷、行、草皆佳，还兼工篆、隶、章草等古体。《湖州妙严寺记》(图5-27)是他为浙江湖州一座寺庙书写的文章，记录了这座古刹的历史。文章的撰写者并非赵孟頫，而是已经退隐的宋代官员牟巘。文人士大夫为佛寺或僧人书写文章在唐代已屡见不鲜，赵孟頫是佛教徒，书写这样的供奉文是做功德的一种方式。两位名人合作(他们的头衔姓名写在文章前)，一定能为寺庙增光添彩。在卷首，赵孟頫用篆书写下了六字标题。篆书是秦代时通用的书体，但随着隶书、楷书等的出现，人们日常早已不再使用篆书了。不过在书写碑额或文章标题时，篆书仍是普遍的选择——因为它显得既质朴又庄重。作品的正文部分用楷书书写，流丽秀润，沉着稳重。仔细观看，不难发现赵孟頫用笔深受王羲之影响(图5-28)。

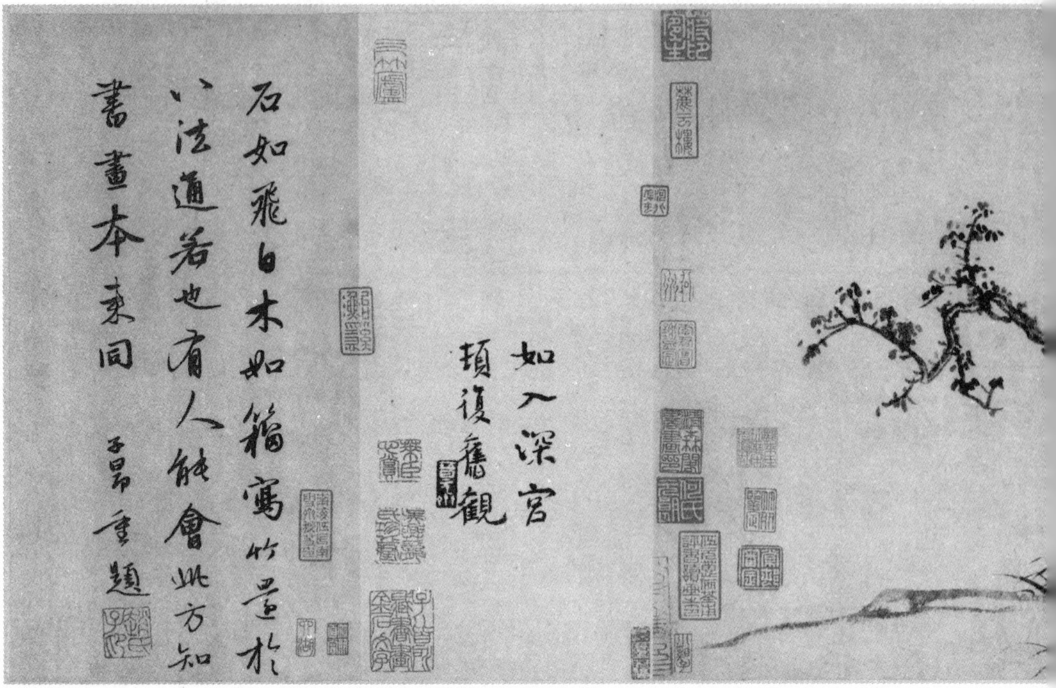

图5-26 《秀石疏林图》 纸本水墨 27.5厘米×62.8厘米 北京故宫博物院藏

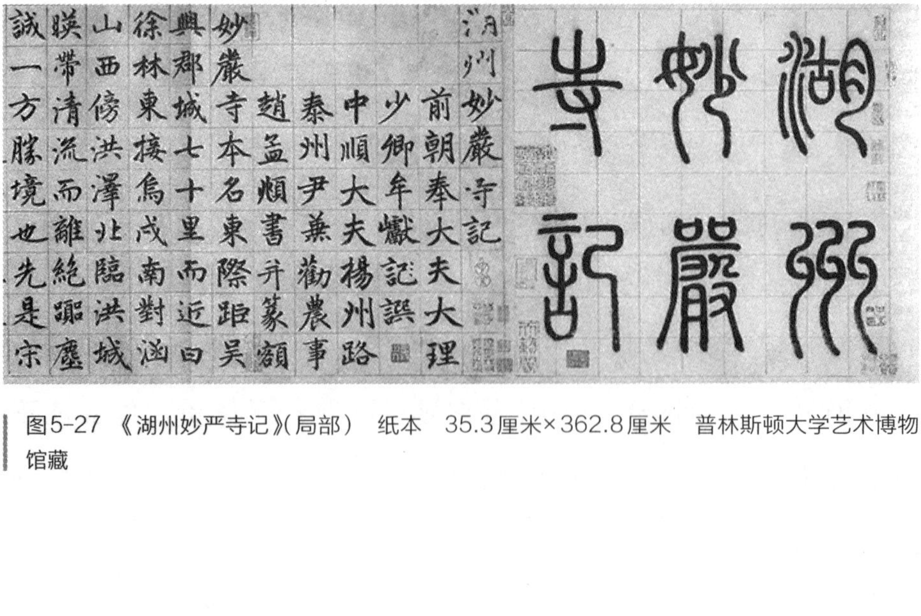

图5-27 《湖州妙严寺记》(局部) 纸本 35.3厘米×362.8厘米 普林斯顿大学艺术博物馆藏

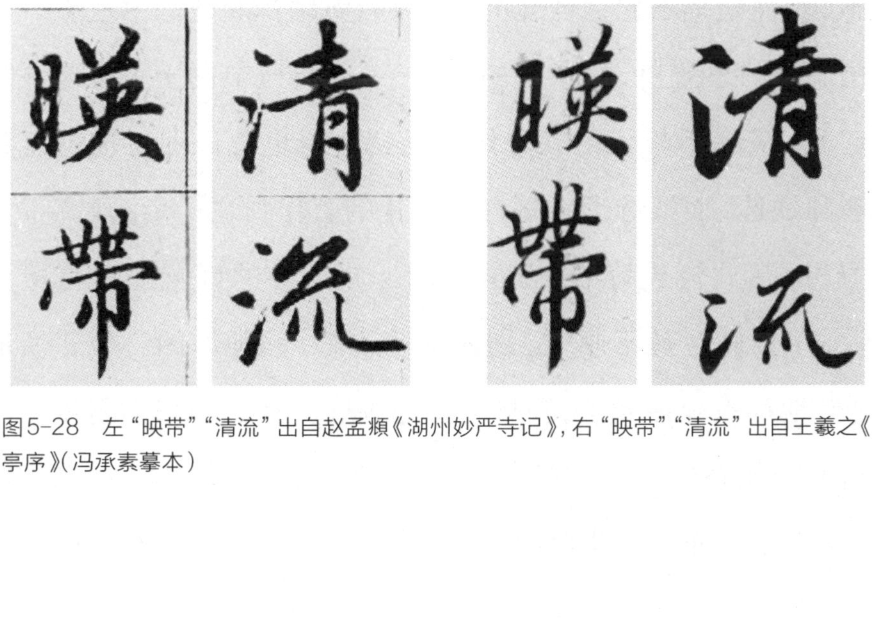

图5-28　左“映带”“清流”出自赵孟頫《湖州妙严寺记》，右“映带”“清流”出自王羲之《兰亭序》(冯承素摹本)

如何才能写出更加卓越的书法作品？不同时代的人有不同的路径。在“二王”生活的魏晋时代，书法的大趋势是追求新妍奇巧；在苏轼、黄庭坚生活的北宋，写意成为主流。而赵孟頫则抱定一个信念——坚守古法：写篆书，就效法石鼓文；写隶书，就仿效钟繇；写行草书，就以“二王”为楷模。他孜孜不倦地临摹古帖，踏踏实实地用古法锤炼自己的用笔和结字。赵孟頫尤其钟爱“二王”书法。有一次他应召北上，坐了一个多月的船，船上始终摆放着《兰亭序》的拓本，以便他时时揣摩，辛勤临写。

赵孟頫的字集古法之大成，《元史》中说他各种书体“无不冠绝古今，遂以书名天下”。不过，后世对他的字也并非都是好评。宋濂说赵字太柔媚，“概以插花美女为病耳”（马宗霍，《书林藻鉴》）；还有人说赵字“妍媚纤柔，殊乏大节不夺之气”（项穆，《书法雅言》）；甚至有人从赵字的“熟媚绰约”中看出了“贱态”（傅山，《霜红龛集》）。其实，这些人并非真的觉得赵孟頫的字不好，而是瞧不起他仕元的行为，因而鄙视起他的书法来。在中国文人的思想里，在亡国的关头，一个有气节的士大夫应该隐居起来，坚决不与统治者合作。元朝政府也曾试图拉拢赵孟頫的老师钱选，而钱选干脆将自己早年的著作付之一炬，放弃了儒士身份，从此流连诗酒、寄情书画。赵孟頫的好友郑思肖擅长画兰，可他画兰从不画土，别人疑惑不解，问他原因。他悲愤地说：土地都被掠夺光了，我哪还忍心画呢？郑思肖得知赵孟頫仕元后便与他断然绝交，据说赵孟頫曾多次去拜访老友，但终不得见，只得怅然而返。非但朋友不容，一些后世文人也难以原谅赵孟頫“失节”，不仅鄙视他的品格，还连累了他的书法。这当然是一种偏见，但也说明了“字如其人”的观念在书法史上是多么深入人心。

赵孟頫不仅是了不起的书法家，绘画成就也很突出。对于中国人而言，书法与绘画并非界限分明的两种艺术形式，它们在笔墨运用上有相同的规律，密不可分。书法被视为中国画的母体，赵孟頫自觉地将书法用笔融入绘画中。在《秀石疏林图》的跋语中，他透露了绘画的秘诀：“石如飞白木如籀，写竹还应八法通，若也有人能会此，方知书画本来同。”“飞白”是用枯笔快速划过纸面留下的线条，笔画中夹杂着丝丝点点的白痕。它是行草书中比较常见的笔法，给人一种虚实相间的灵动之感。赵孟頫指出，画石头应该用“飞白”之法，画树木则应该用古篆书的笔法，并在《秀石疏林图》中加以实践。其实早在赵孟頫之前，米芾画珊瑚时就已经使用了篆书的笔法。不过，赵孟頫对“书画同源”的观念有更加明确的意识和表达。从此，以书法入画和在画上题跋的风气在文人中普及开了，书法与文人画紧密地结合起来。

六 风物篇

“风物”一词出自陶渊明《游斜川》诗序：“天气澄和，风物闲美。”原意是指自然界的风光景物。不过，在中华传统文化里，纯粹的自然风景并不被看重，总要有人的参与才可以。浏览中国古代山水画便会发现，几乎所有画家都要在画面中显露出人的痕迹：或是山间茅屋中对坐闲谈的高士，或是泽畔小船里独钓江雪的渔夫，或是山间小径上骑着小驴儿踽踽独行的游客。陶渊明赞美斜川清朗闲静的风光，到底还是为了“悲日月之遂往，悼吾年之不留”，在不变的好风景里悟出人世之浮脆易变。可见风物并非单纯的风景，它从一开始就带着人的色彩。在历史长河的变迁中，“风物”一词的意涵不断丰盈，习俗、物产、美食、古迹、名胜，无不包括。

在“风物篇”中，我想和你聊聊中国传统的习俗、礼仪、物品等等，但我真正感兴趣的是蕴藏于风物之中的人的生命情感与生活洞见。风物是人的发明，可一旦它们被创造出来，便拥有了能动性，会反过来影响人的行为。

每个时代的人都在创造新的风物，我们谈论旧时风物的故事，并非要孜孜于过往，裹足不前。只是在这风物变迁中，我们究竟得了什么，失了什么，又该保留些什么，心里总还得有些数才好。

风俗礼节

"赵钱孙李",从何来?

说到百家姓,很多人的第一反应就是"赵钱孙李,周吴郑王"。然而根据国家统计局新出炉的百家姓排名榜单,位居前四位的是"王李张刘"这四个姓。你可以盘点一下周围的亲朋好友,肯定有这四个姓氏的人。那么在新出炉的榜单中,"赵""钱""孙"又排名第几呢?"赵"排名第八,"钱"排名第九十二,"孙"排名第十二。那这三个姓在过去为什么能跻身前三呢?我们就来聊聊"赵钱孙李"这一排名的由来。

"赵钱孙李"出自传统的童蒙读物《百家姓》,其作者是北宋初年钱塘(今天的杭州)的一位书生。这位书生热衷于早教,他把常见的姓氏编成四字一句的韵文,便于小孩子诵读和记忆。

那时候没有科学的人口普查，所以《百家姓》的排名肯定不是按照人口的多少，而是以读来顺口为原则。不过，排名前几位的这几个姓是大有名堂的。

先说“赵”姓，它为何排名第一呢？《百家姓》编著于北宋初年，当时的皇帝就姓赵，全天下的百姓都是赵家的子民，你敢不把“赵”排在第一位？那可就是犯上大罪，弄不好要掉脑袋的。

那么排名第二的为什么是“钱”姓呢？南宋学者王明清在《玉照新志》一书中对此做了考证，他说：“其首云：‘赵钱孙李’，盖钱氏奉正朔，赵本朝国姓，所以钱次之。”“钱”是吴越国王的姓氏，吴越是五代十国时期相对稳定的一个割据政权，都城在杭州。吴越的创立者钱镠是一位颇有才干的君主，他爱护人民，关注民生，广罗人才，发展农桑，将吴越建设成了繁荣富庶之地。同时，他还是一个有情有义的风雅之人。每年寒食节后，吴越王妃都要回乡省亲，并在娘家住一段日子。钱镠很思念自己的妻子，他虽有千万个理由催她回来，却在信笺上写下短短九个字：“陌上花开，可缓缓归矣。”明明是催爱人归来，却说“缓缓”，别急着奔波；明明是想念妻子，却只说陌上花开，可慢慢欣赏。似海的深情都隐藏在含蓄隽永的一句话里。钱镠临终给子孙留下遗嘱，说：“如遇真君主，宜速归附。”后来，北宋建立，钱镠的后代钱俶遵从祖训，献出国土，俯首为臣。江浙一带的百姓免遭战乱之苦，一直感念吴越钱王。《百家姓》的作者就是吴越地方的人，因此他将“钱”姓排在第二位。钱俶的妻子姓孙，于是“孙”姓就排在第三位。排名第四的“李”是南唐王室的姓，南唐与吴越毗邻。南唐被北宋消灭后，南唐后主李煜还留下“问君能有几多愁？恰似一江春水向东流”这样悲壮伤感的句子。

“赵钱孙李”，有三个是帝王的姓，一个是王妃的姓，它们在《百家姓》中排名前列靠的是政治势力；“王李张刘”，今天的百家姓排名则完全以人口数量为依据了。

古时候的“网名”

小时候学历史，最痛苦的一件事就是记人名，当时觉得古代的人真是事多，一个人有好几个称呼，搞得后人头昏脑涨。比方说张白圭、张叔大、张太岳、张江陵、张文忠公，听起来像五个人，可其实是同一个人——明朝重臣张居正。白圭是他小时候用的名，叔大是他的字，太岳是他的号；他是湖北江陵人，所以又叫张江陵；至于文忠公，是他死后皇帝奉送的荣誉头衔，叫“谥号”。对古人而言，林林总总的称呼中，大部分是别人赋予自己的：名是出生以后父亲取的，字是成年之时，也就是男子二十岁、女子十五岁左右，德高望重的长辈取的。在社交活动中，自称时称名不称字，尊敬别人时称字不称名。在这些称呼中，只有号通常是自己取的，很能体现个性。而且，名和字是父辈所取，一般不能变更；而号，自己想取几个都行。

取号的习惯在唐宋以前并不流行，它的兴起跟文人讲究文雅、追求个性密切相关。古人的号，有的与居住地有关，比如李白号“青莲居士”，因为他小时候生活在四川青莲乡；郑板桥号“板桥道人”，因为他老家的河上有座小桥，人称“古板桥”。有的号则体现了个人的生活情趣。欧阳修晚年号“六一居士”，有人就问他为什么叫“六一”，欧阳修说：“吾家藏书一万卷，集录三代以来金石遗文一千卷，有琴一张，有棋一局，而常置酒一壶。”那人掰着手指头数，这不才五个一吗？欧阳修指指自己，加上这一老头儿，流连于五物之间，不就是“六一”了吗！古人特别爱用某某居士、某某道人、某某山人为号，这未必与宗教信仰相关，而是为了表现自己淡泊名利、远离红尘的志向。

古人的别号里有表达自信的，比如乾隆晚年总结了自己一生打过的十次重要的胜仗，于是自号“十全老人”；也有表达悲伤的，比如明末清初的著名学者傅山，在明朝灭亡之后，自号“朱衣道人”，而且经常穿上红色的衣服，“朱衣”表面上指的是红色衣服，实际上却是明朝的象征，因为明朝皇帝就姓朱，傅山的别号寄寓着对逝去王朝的深深眷恋。

不管是帝王将相还是贩夫走卒，名，人人都有。而字主要用于社交场合，通常有一定社会地位的人才有。古代的底层百姓地位比较低，一般就只有名，甚至小名当大名用，像《红楼梦》里刘姥姥的女婿王狗儿，“狗儿”显然是小名。至于号，那是文人雅士的需要。名也好，字也罢，都是他人对自己的期许；号，则是自我的塑造与表达。有些人的号比名和字都要响亮，比如苏东坡。他被贬到湖北黄州，日子穷困，可他并不抱怨，而是开垦了一块荒地，每天扛着锄头下地干活，这块荒地位于黄州城东边的小山坡上，于是他就给自己取了一个号，叫“东坡居士”。相比别的称呼，后人更喜欢叫他“苏东坡”，因为这个别号里蕴含着一个才华横溢的文人在逆境中的豁达与乐观。

“不讲理”的避讳

李贺是著名的唐代诗人，他的很多诗句，像“大漠沙如雪，燕山月似钩”“黑云压城城欲摧，甲光向日金鳞开”，我们小时候都背过。李贺天分高，六七岁的时候就写得一手好诗，名满京城。当时文坛的两位大腕韩愈和皇甫湜特地去拜访他，李贺应对自如，当场就以自己的原创作品征服了他们。李贺还很刻苦，出门时身后跟着一个书童，骑着驴子、背着锦囊，李贺灵感一来，立马写在纸上，揉成团收进锦囊里，回家后就把这些小纸团掏出来，整理成诗歌。李贺的母亲看到儿子这样用功，很是心疼，感叹道：“是儿要当呕出心乃已耳！”像李贺这样有才华又勤奋的青年本该有光辉灿烂的前程，可他偏偏在科举的路上栽了个大跟头。

二十一岁那年，李贺到长安参加进士科考试，可就在临考前没几天突然被取消了考试资格。为什么呢？居然是因为他早已过世的父亲。古代有避讳的传统，但凡遇到父亲、母亲、祖父、曾祖父等长辈的名字，在说话、做事、写文章的时候都得避开。李贺的父亲名叫李晋肃，这“晋”字恰好与“进士”的“进”同音。有人就向考试部门举报：李贺父亲的名字里有“晋”字，他居然来考进士，太不孝了。这理由听起来相当牵强，但在古代，避父母的讳还真不算新鲜事。司马迁的父亲名叫司马谈，所以整部《史记》里没有一个“谈”字。宋代有个诗人叫徐积，因为他父亲名石，于是他一辈子都不用石头做的东西，走路遇到石子也要万分小心，绝对不可以踩到。

不但父亲的名字要避讳，母亲的名字也要避讳。“诗圣”杜甫写了三千多首诗，没有一首诗是咏海棠花的，据说就是因为他母亲名叫海棠。《红楼梦》里的林黛玉，其母叫贾敏，所以她读书的时候只要遇到“敏”字就读“密”，写字时遇到“敏”字就减去一两笔。

避讳虽然是个传统，却并非不可通融。古人就提出“二名不偏讳”，两个字避开一个就可以，比如李贺父亲名为晋肃，只要说“晋”的时候不说“肃”，说“肃”的时候不说“晋”就行了。看来父亲的名字并不是李贺科举之路上的绊脚石，那真正的绊脚石又是什么呢？李贺在《仁和里杂叙皇甫湜》一诗中提到了这件事，其中有两句是：“洛风送马入长关，阖扇未开逢猘犬。”意思是：他高高兴兴地来长安考试，结果城门还没进，就遇到疯狗了。疯狗自然是指那些嫉贤妒能的小人，不合理的规则只有落到小人手里才会变成害人的利器。大文豪韩愈听闻此事，愤愤不平，提笔作文讽刺这帮小人，其中有一句很精彩：“父名晋肃，子不得举进士，若父名仁，子不得为人乎？”

古时婚服是什么颜色？

婚礼上穿的衣服是什么颜色呢？不同的时代很不一样。周代人结婚，男女双方必须穿玄色，也就是黑色的礼服。现代人会觉得不吉利，可一直到汉代，人们都遵循着周朝的制度，结婚时穿黑色礼服。因为那时候的人认为，丈夫是阳，妻子是阴，迎娶妻子必须在傍晚，因为那是“阳往而阴来”的时候。而在众多的颜色中，黑色代表阴，所以在傍晚娶代表阴的妻子，就得穿黑色礼服。不过，礼服虽然是黑色的，却镶着红边。红色代表阳，黑色加红边，体现了阴阳平衡的思想。

唐代人结婚，穿得可靓丽了。有个词叫“红男绿女”，形容那些打扮时尚的青年男女。可为什么是“红男绿女”，而不是“红女绿男”呢？这跟唐代的婚服颜色有关。唐代新娘不穿红色，她们的婚服叫“青质连裳”，就是一种青绿色的长款礼服；而新郎穿的倒是红色婚服。一红一绿，大胆撞色，喜庆热闹，又能展示雍容华贵的大唐气象，顺带还贡献了“红男绿女”一词。

我们通常以为古代的新娘都穿红色，其实这个习俗是到明代才确定下来的。明代人很有意思，他们认为男人娶妻是人生的一项重要成就，俗称“小登科”。所以男人在结婚那天，即便是一介平民，也可以破例穿上青绿色的九品官服。男人可以借结婚之机过当官的瘾，女人自然也可以过当官太太的瘾。所以从明代开始，女子出嫁头戴凤冠，身披霞帔。这是贵妇级别的殊荣，但在结婚那天哪怕是平民女子也可以享受。这项规定相当人性化，一辈子就结婚一回，谁不想风风光光的呢！这种心理古今相通，现代人哪怕平时都是挤公交车、踩自行车，在大喜的日子也得租几辆汽车吧。

如今很多新娘都穿白色的婚纱，这在古时候是不可想象的。古人什么时候穿白色衣服呢？在丧礼上。在中国人看来，白色是非常不吉利的颜色，因为根据五行学说，白色与“金木水火土”中的“金”相对应，在方位上对应着西方。西方的守护神是白虎，是杀伐之神，所以白色也就沾上了死亡的气息。中国人办丧事，称为“白事”，要穿白衣、佩白花。《史记·刺客列传》中写荆轲告别燕太子丹去刺杀秦王，“太子及宾客知其事者，皆白衣冠以送之”，统统穿白衣、戴白帽给他送行，因为知道他基本上是去送死的，这就算诀别了。既然白色是不祥的象征，现代姑娘们结婚为什么要穿白色婚纱呢？这其实是跟西方学的。在西方人的观念里，白色是纯洁、神圣、美好的象征。英语中跟白色有关的短语几乎都是褒义的，比如white day（白色的日子），就是我们说的“黄道吉日”；white flag（白旗），这在中国是投降的意思，可在西方文化中举白旗代表祈求和平。可见，不同的文化对颜色的理解有很大差别。

从古至今，不同朝代的中国新娘们穿着不同颜色的礼服步入婚姻的殿堂，黑色、绿色、红色、白色，不管是什么颜色的婚服，它们都见证着穿着者一生中美丽、幸福的时刻。

古人也过生日吗？

现代人提到过生日，脑海里可能会浮现出这样一幅画面：五彩缤纷的气球、巨大的生日蛋糕，当然还少不了那首经典的《祝你生日快乐》。中国人究竟是从什么时候开始过生日的呢？对生日的相关记载始于南北朝时期，直至唐代以后才逐渐增多。有学者指出，中国人过生日跟佛教的传入密切相关。佛教很重视诞辰日，从释迦牟尼佛到观音、普贤、文殊、地藏菩萨都有自己的生日，而且每到生日那天，信徒们都会举行庆祝仪式，比如给佛像沐浴、用宝车载着佛像在大街小巷中巡游。佛教传入以前，出生日期在中国人的意识里是个无关紧要的概念，不需要去特别记住。

南北朝时期的学者颜之推在《颜氏家训》中提到，当时江南地区的人们，如果父母双亲都在世的话，到了生日那天就会吃吃喝喝，庆祝一下；不过有些人，父母已经去世了，竟然还开生日聚会，“酣畅声乐，不知有所感伤”。颜之推很看不惯后者，斥责他们是“无教之徒”，是野蛮人。父母在世与否跟过生日有什么关系呢？古人将生日又称作“父忧母难日”，因为为了生小宝宝，母亲要吃很大的苦，古时候医疗条件差，甚至还要冒着生命危险；而父亲虽然不用疼得死去活来，但要为妻子、孩子担心，心理压力也很大。所以古人最早过生日，不是为了庆祝自己的诞生，而是要表达对父母生育之恩的感激。比如《贞观政要》记载，唐太宗李世民在生日那天心情就很低落，因为他的父母已经去世了，他对大臣说：“今日是朕生日。俗间以生日可为喜乐，在朕情，翻成感思。君临天下，富有四海，而追求侍养，永不可得。”说着眼泪都流下来了，大臣们也只好陪着哭。

第一个快快乐乐为自己过生日的皇帝是唐玄宗李隆基。他是个比较有娱乐精神的皇帝，喜欢音乐歌舞，又好热闹。唐开元十七年（729年），唐玄宗过生日，在花萼楼请百官大吃大喝。很多善于溜须拍马的官员上折子，请唐玄宗将自己的生日定为“千秋节”，让全国人民同乐。唐玄宗立马同意，还下了一道很实惠的指令：全国放三天假。从唐玄宗开始，过生日的习俗才真正流行起来。

现在人们几乎都会庆祝生日。在平淡的日子里，有这样一天可以欢乐一下，无可厚非。但在这一天，我们不要只想到自己，也不妨学学古人，为辛勤养育我们的父母送上一份感恩。

古物趣说

月饼的老祖宗

每逢中秋，各色月饼纷纷上市。月饼又叫“团圆饼”，是合家团圆的象征。对于中国人来说，月饼早已成为中秋节最重要的民俗符号。

关于月饼的来历，民间有各种传说，其中人气最高的一个版本跟元朝末年的农民起义有关。据说元朝皇帝为了加强对百姓的统治，规定每十户人家设立一个“管家公”，意图很明显，就是要时时刻刻监控百姓，防止百姓有造反的举动。这些管家公仗势欺人，百姓实在忍无可忍，便偷偷跑去找朱元璋的起义队伍，请求他除掉管家公。朱元璋很为难，这些管家公人数众多，又散布在百姓中间，很难一举清除，而且官兵搜查严密，消息也不容易传递出去。这时候军师刘伯温出了个主意，他让人放出风声，说上天要降大难于人间，想要幸免就得在八月十五中秋节的夜晚对月吃饼。于是大家争相跑去糕点店买饼，等把饼掰开一看，里头有张小字条，上面写着："中秋子夜时，齐杀管家公。"百姓感到奇怪，悄悄一打听，发现家家户户的饼里都有这么张字条，于是一起拿起菜刀、棍棒，将管家公打得落花流水。为纪念这次起义，朱元璋在建立了明朝之后就下令每年中秋节吃月饼。

把月饼的起源与军事谋略挂上钩，听起来惊心动魄，不过这毕竟只是传说，可以娱乐，不能当真。月饼当然也是饼的一种，要追溯它的源头，就要从饼的历史说起。月饼的老祖宗其实叫"胡饼"，汉语词汇里但凡带个"胡"字的东西多是从西域传入，像胡萝卜、胡椒、胡麻、胡桃等等，胡饼也不例外。在胡饼传入之前，中原大地的饼基本上都是汤饼，就是面片汤，还有一种蒸饼，相当于今天的馒头。那胡饼是什么样的呢？就是一种又大又圆的烧饼。从外形上讲，它最接近后来的月饼。胡饼非常受欢迎，唐代人还在饼里加上馅，使之更加美味。

到了宋代，朴素的胡饼摇身一变，成了风雅的月饼。最常被引用的例证就是大文豪苏东坡的诗句："小饼如嚼月，中有酥与饴。""如嚼月"就说明这种饼的外形像月亮一样是圆圆的；"中有酥与饴"是说饼里有酥油和饴糖，入口酥软香甜。这样的描述的确与月饼很像。苏东坡的这首诗是在朋友为他饯行的宴会上即兴创作的，时间恰恰就在八月。由此看来，他所品尝的很可能就是月饼。

据现有的文献记载，中秋节吃月饼这一习俗在中国真正风行起来是在明朝。明代的文学家田汝成在《西湖游览志余》中就明确指出："八月十五日谓之中秋，民间以月饼相遗，取团圆之义。是夕，人家有赏月之宴。"月饼在当时主要有两大功能：一是作为祭拜月亮的供品，二是作为亲友间互相馈赠、联络感情的工具。从此，中秋节吃月饼正式成为中国人的节令习俗。

从原料来说，月饼不过是一种普通糕点，而且传统月饼油多、糖多、热量高，不宜多吃。可不管怎样，这枚小小的饼就因为与月亮、与中秋、与传统联系在一起，便成了中秋节不可或缺的食品。要知道很多文化现象并不是什么物质现象，而是人类的一种情感现象。

言念君子，温润如玉

中国人对美玉有一种特殊的情感，常言道"黄金有价玉无价"。为什么说玉无价呢？因为玉石比较少，物以稀为贵；而更重要的原因在于，人们常常把玉的特性和君子的美德联系在一起。《诗经》中说："言念君子，温润如玉。"孔子也曾经用玉比德于君子，认为玉具备仁、智、义、礼、乐、忠、信、天、地、德、道这十一种宝贵的品德。正因为玉被赋予了丰富的道德内涵，所以《礼记》中有"君子无故，玉不去身"的说法，要求君子时刻佩戴玉制的装饰品。这不是为了炫耀财富，而是为了提醒自己保持温文尔雅的风范和内心的道德准则。我们来说说几种常见的玉制装饰品。

首先是珩。《说文解字》中说，“珩”是“佩上玉”。“佩”指的是玉佩，通常由好几块形制不同的玉组成；而“珩”指的是一组玉当中横在最上面的那块，用来节制佩玉者的步行姿态。人在走动的时候，佩玉相互撞击，会发出铿锵悦耳的声音。这个声音就是一种提示，提醒佩玉的人注意自己的言行举止，要体现出君子之风。

其次是瑱。《说文解字》中说：“瑱，以玉充耳也。”瑱还有一个名称叫“充耳”，是先秦时期一种耳部装饰品。《诗经》中有一首描绘美人宣姜的诗，她佩戴着各种玉制的精美饰品，其中有一样就是“玉之瑱也”。有的注释家把“瑱”“充耳”解释为“塞耳”。其实“瑱”不是真的把玉塞进耳朵里，而是将它悬垂在耳朵的侧面。不是有个成语叫“充耳不闻”吗？我们通常认为这是个贬义词，表示故意不听别人的意见。可是古人强调要“非礼勿听”，不该听见的事还是不听为妙。佩戴瑱是提醒人对于一些不相干的是非，不妨装聋作哑。

还有一种跟瑱功能类似的玉饰品，叫瑬。《说文解字》中说：“瑬，垂玉也。冕饰。”“冕”是皇帝专用的帽子。在很多古装戏里我们都能看到，皇帝上朝，头上戴一顶特别的帽子，上面顶着一块长板，前后各挂着十二串珠子，那就叫作“冕”。而“瑬”就是那一串串珠子，是玉制的。这些玉珠串“自上而下，动则逶迤，若水流也”，所以叫“瑬”。瑬挡在脸前，一来让臣子们看不清皇帝的表情，可以保持君主的神秘感；二来也提醒皇帝，不要把属下的细枝末节都搞得清清楚楚，要学会不看不值得看见的东西。

最后是玦。玦的造型就是在玉环上开一道缺口。玦是做什么用的呢？有文物专家认为，玦最初是耳环，因为在早期的墓葬中，玦通常安放在头骨的两侧；后来，玦的功能逐渐丰富起来，比如可以作为断绝关系的象征，因为“玦”和“诀别”的“诀”同音。大臣被流放，要是皇帝赐玦给他，就表示君臣就此诀别；要是后来皇帝又想他了，可以再赐玉环，表示他可以还朝了。玦还是鸿门宴上的重要道具，范增几次暗示项羽，让他杀掉刘邦，可又不能明说，怎么办呢？他“举所佩玉玦以示之者三”，一而再，再而三地举起身上佩戴的玉玦，提醒项羽下决心。项羽当然明白玦意味着决断，但他终究狠不下心来。

生鱼片的前世今生

前几天我和两个闺密聚餐。这两人一个酷爱烤肉，说要吃韩国菜；另一个喜欢生鱼片，说要吃日本料理。我就跟她们说烤肉、生鱼片都是韩国、日本跟中国学的，所以还是中国菜最博大精深。有一个成语叫“脍炙人口”，“脍”就是切成丝的生鱼、生肉；“炙”，从字形就能看出意思来，上面是一块肉，下面是火，把肉放在火上，就是烤肉。“脍炙人口”这个成语出自《孟子》，原意是生鱼片和烤肉是最美味的食物，人人都爱吃，后来比喻诗词文章写得好，受到人们的赞扬和传颂。可见早在孟子生活的时代，生鱼片和烤肉就已经是中华名菜肴了。

脍的历史可以追溯至西周。周宣王五年（公元前823年），周朝的军队与北方少数民族交战，打了胜仗，周朝的大将尹吉甫为了庆祝胜利，就在家请朋友们吃大餐。吃什么呢？《诗经》中有记载，主菜是“炰鳖脍鲤”，也就是红烧甲鱼和生鲤鱼片。在古时候，除鲤鱼之外，鲈鱼尤其是松江鲈鱼也是制作生鱼片的上佳食材。《后汉书》中记载了曹操请客人吃生鱼片的故事。曹操大宴宾客，各种美味佳肴都端上来了，他却感叹“所少吴松江鲈鱼耳”，当时的宾客中有个叫左慈的人，此人擅长幻术，他叫人捧来一只装满水的铜盆，将钓饵扔进铜盆，不一会儿居然真的钓上一条鲈鱼来，曹操拊掌大笑，表示客人多，一条鱼不够分，左慈又把钓竿伸进铜盆，钓上好几条鲈鱼，“皆长三尺余，生鲜可爱。操使目前脍之，周浃会者”，曹操当即命人做成生鱼片，人人有份。

曹操爱吃生鱼片，他那“七步成诗”的儿子曹植也好这一口。曹植是大才子，他在《七启》中假托镜机子对生鱼片发表评论：“蝉翼之割，剖纤析微。累如叠縠，离若散雪。”就是说，这生鱼片切得像蝉翼一样薄，一片一片就像层叠的轻纱，入口即化，松散得像雪花一样。能把生鱼片切成这个水平，刀工的确非凡。

古代有不少名人爱吃生鱼片，像王维、李白、白居易、苏轼、陆游都曾写诗深情赞美生鱼片。生鱼片固然美味，但吃多了或是吃了不洁净的，就会腹泻。三国时期的英雄人物陈登就因为过量食用有寄生虫的生鱼片而得了重病，三十九岁就英年早逝了。

生鱼片在福建、广东沿海一带特别流行，也是从这些地方传到了日本。如今生鱼片已经被日本人发扬光大，周作人先生在《日本的衣食住》中说过：“日本生活中多保存中国古俗，中国人好自大者反讪笑之，可谓不察之甚。”

白酒多以“春”为名

中国白酒的酒名里，有不少带着“春”字，比如剑南春、五粮春、红福春、景阳春、玉堂春、燕南春、九里春、五姑春、中京春、甘陵春、娄山春等等。为什么中国白酒多以“春”为名呢？

我们现在喝的这种清澈透明、不含杂质的白酒是蒸馏酒，这种酿酒技术到元代以后才逐渐普及。更早的时候，人们喝的酒可不是今天这样的。在远古时期，酒和酒糟是不分离的，合在一块儿饮用，这种酒叫作“醪”，基本上类似现在的酒酿，没什么度数。到了商周时期，人们开始分离酒和酒糟，这样酿出来的酒虽然达不到现在这样的透明度，但清爽了很多。商代人爱喝酒，酒的种类也不少，但并没有春酒。春酒是从周代开始出现的。《诗经》中有一首《七月》，其中有两句提到了酿酒：“为此春酒，以介眉寿。”这里的“春”其实是一种酿酒的方法。要制作春酒，必须在秋天收获稻米，经过酿制和储藏，冬酿春熟，到了来年的春天才能饮用，所以这种酒还有一个名字叫“冻醪”。周代人认为喝了这种春酒能够“以介眉寿”，使老年人长寿，可见古人已经认识到酒的保健功能。春酒的酿制技术不断提高，到了东汉末年，曹操曾把自己家乡的“九酝酒法”当作礼物敬献给汉献帝。《齐民要术》一书中详细记载了曹操的酒方。简而言之，所谓“九酝”，就是指在一个发酵周期，将原料分九次投入，叫作“补料发酵法”，是周代春酒制法的升级版。

春酒的酿造方法源自周代，后人根据这种造酒方法把“春”

当作美酒的代称。“春”字本身的意思也好，蕴含着勃勃生机，到唐宋两代，以“春”为酒名成为非常普遍的做法，唐代有瓮头春、梨花春、曲米春，宋代有百花春、武陵春、洞庭春。值得注意的是，古时候酒名中但凡用上“春”字的，都是上等的好酒，不是什么酒都有资格称为“春”的。

古代的诗人大都爱喝上两口，酒精可以催发灵感，所以只要读读唐宋诗词，就能知道不少名字里带“春”字的酒。比如大诗人李白的《哭宣城善酿纪叟》中有这么两句：“纪叟黄泉里，还应酿老春。”“老春”是一种酒的名字，产自安徽宣城，是由一位姓纪的老师傅酿制的。李白好酒，跟这位纪师傅的交情很深，所以纪师傅去世之后，李白专门写诗纪念他。

每次读李白的这首诗，我都会对那款名为“老春”的酒心向往之，因为那酒不但色美味醇，其中还包含着一个爱酒人的痴心和一份知己间的深情。

跋
向古人学习情感

李晓愚著《中华文化故事·少年读》由译林出版社出版，该书的内容涉及传统文化中的方方面面：汉字、成语、诗词、绘画、书法、风物。作者以故事的形式向我们呈现出中国传统文化的独特风貌。回到历史，可以帮助我们更好地面对当下。因此，这本书的意义不仅在于清晰地梳理、生动地展现了中国传统文化的动人之处，还在于它可以为我们提供处理当下问题的精神资源。作者处理的一个重要主题与情感相关——她耐心地带领读者去理解古人的情感体验，探索古人处理情感问题的方式，琢磨古人如何进行情感表达。我们不妨把这套书看成连接古人的情感世界与今人的媒介。阅读古人的情感故事，自然并不是出于“猎奇”的心理，而是要从中获取情感教育的资源。我想从“情感教育”的角度讨论这本书对当代社会的意义。

一、“情感教育”的观念

“情感教育”的观念虽然已经被一些教育学家提及,但尚未得到足够的重视。我们可以从人文社科领域发生的“情感转向”来理解情感教育的意义。这场运动改变了人们对于情感的理解,学界开始以新的眼光来看待情感与认知,情感与人的行为、社会秩序之间的关系,越来越多地关注情感对于社会的价值。如美国社会学家乔纳森·特纳在《人类的情感:社会学的理论》中所言,情感能够“被用来铸造社会关系,建立和保持对社会结构与文化的承诺”。人类的情感是天生的,也是社会和文化塑造的。如果我们承认情感的文化性和社会性,就会认可情感教育在情感文化的形成中扮演的重要角色。情感教育的观念正是在这样的思想背景下得到越来越多的重视。

情感教育有多种方式,例如,国家可以通过教科书,传达一套情感规范,培育学生的情感体验和情感表达能力;也可以通过特定的仪式,激发人们特定的情感体验。家庭也是情感教育的重要场所,人们在家中学会了情感语言。除了这些具体的方式之外,文化自身就发挥着情感教育的功能。文化就是生活方式,“润物细无声”,浸透到我们的日常生活之中。它让我们习得社会规范,学会分辨善恶美丑,掌握情感表达的方式。文化时时刻刻都在教育着我们的情感。不同类型的社会和文化孕育出的情感也是有差异的。

在我们这个高度现代化的社会,学习传统社会的情感文化,能够帮助我们获得更丰富的情感资源，培育更好的情感能力。这个时代，时间在加速，情感文化也在迅速变化。数字媒介的发展加快了文化更新换代的节奏，新的文化现象让人眼花缭乱。人们感慨着灵魂跟不上脚步，却又常常不得不追赶着时代的步伐，已经没有了“慢下来”体味自己情感的闲适。在这个“求快”的时代，我们更应该回过头去看看我们的历史，看看历史中的人们如何理解情感和表达情感，体味一下那些逐渐离我们远去的情感，这对于丰富我们自己当下的情感世界不无裨益。

《中华文化故事·少年读》以汉字、成语、诗词、绘画、书法、风物为媒介，向我们展现了传统社会人们丰富的情感世界，一种和我们这个时代既相似又不同的情感文化。无论是对于社会，还是对于孩子或成年人，这本书都是重要的情感教育文本。我想从三个维度来讨论这本书对于情感教育的意义。

二、以“故事”写情感

这本书名为《中华文化故事·少年读》，“故事”二字告诉我们，作者无意于讨论中华文化的抽象知识，而要将汉字、成语、诗词、绘画、书法、风物在传统社会中的意义，通过一个个故事传达出来。“故事”在人类社会中具有不可忽视的价值。人们会将道德规范、价值观念等信息编织成一个个故事。故事是框架，它帮助人们辨析应当和不应当采取的行为模式，促进社会规范的形成，塑造人们的认知和行为。中华文化的故事被李晓愚娓娓道来，一个字、一个成语、一幅画，都因为有了故事而变得和我们亲近。

故事的重要性也体现在人们学习情感的过程中。孩童学习情感，形成对亲情、友情、爱情等情感的认知，并不是始于一套抽象的情感知识，而是通过观察周围人如何表达情感，从中获得情感体验和习得情感表达的模式。内容多样的情感故事能够增加人们情感世界的丰富性，提升情感教育的效果。《中华文化故事·少年读》讲述了各式各样的情感故事。以“诗词篇”为例，李晓愚不是一字一句地向读者解释每首诗词的含义是什么、作者是什么背景，而是把诗词放在一个一个故事中，由此，诗词不再是孤立的文本，而是有故事的文本。在故事中，我们体会了传统社会的人们是如何理解和表达爱情的，他们是如何看待友情的。李晓愚讲故事，有意识地在古代故事和现代故事之间建立关联。我们在这本书的许多文章中都可以看到她是如何自如地穿梭在古今故事之间的。“跨时间”的故事讲述，可以帮助读者以最“省力”的方式感受传统文化的意义，将古人的情感故事作为自己的“资源库”。

三、学习体验情感的方式

人们如何体验情感、获得什么样的感受，虽有先天的因素，但更是在特定的社会文化中习得和被训练的产物。情感教育包含了对人们情感体验的教育。《中华文化故事·少年读》细腻地描绘了古人在不同情境下的情感体验，展示了当时的人们如何处理自己的感受。读者可以从中获得情感的抚慰，找回已经渐渐失落的情感体验，也可以学习古人处理情感的方式。

一些情感体验可以跨越时间与我们相通。读这本《中华文化故事·少年读》，我们经常会心一笑，因为看到古人也经历了我们的情感。我们的喜悦、烦恼和困惑，古人都有过，“吾道不孤也”。这种“情感共通”对于我们的意义是什么？李晓愚在附录中已有讲述：曾经失眠的她看到古人辗转反侧，“心中就会滋生出无限的安慰”。此言虽带玩笑之意，但恰当地点明了传统文化的情感教育功能之一，即带给人们“安慰”，具有“情感抚慰”的功能。任何一个时代的人们，能够拥有的经历总是有限的。“时间”为我们的所知所感划定了界限，唯有“历史”才能让我们超越时间，获得更多的丰富性。这本书让我们与古人的情感世界相遇，借此，我们可以与古人一道去感受、去体验。我们也会更容易理解和“包容”自身遇到的情感。在这本书中，读者可以体验到非常丰富的情感：担当的坦然、惜时的奋发、友情的相知、亲人的思念、团圆的幸福等等。

学习古人的情感文化，还可以帮助我们找回逐渐失落的情感体验。从情感社会学研究的视角出发，人类情感可划分为两种：基本情感和次级情感。基本情感，就是特纳所称的“那些假定为在人类神经解剖系统中具有固定配置的感情唤醒状态”。基本情感普遍存在于不同的历史文化之中，比如愤怒、恐惧、悲伤、喜悦。次级情感则由基本情感复合而成，更容易受到社会和文化的塑造，在不同的文化中会有不一样的表现。

在情感的漫长变化中，一些情感体验和表达方式在不知不觉中消失，新的情感又在源源不断地出现。研究历史中的情感文化，具有追寻的功能——它可以帮助人们重拾那些失落的情感体验。但这种追寻的价值是什么？我们为什么要重拾那些已经失落的东西？因为人类的有限性决定了我们只能拥有极为有限的经验，而追寻历史中的情感经验，能够让人在某种程度上超越有限性，获得更丰富的情感经验。一些细腻或美好的情感，在历史的变迁中衰落。但对历史的“追忆”赋予了我们更多的可能性。“已凉天气未寒时”让我们感受到天气变化的细微；“蓦然回首，那人却在，灯火阑珊处”描绘了意料之外的惊喜；“路上行人欲断魂”刻画了一种迷茫、痛苦、悲伤的复杂情绪。

四、情感表达的语言资源

人类的情感主要是社会习得的产物。我们接受各种情感教育，获得情感的知识和技能，学会在特定场合如何作出恰当的情感反应和表达。情感史研究的意义就在于挖掘一个时代的情感文化，丰富情感教育的方式。《中华文化故事·少年读》可以视为一部关于中国文化中情感的历史，为我们提供了学习情感表达的资源。情感表达对于社会秩序的形成和人际关系的建立意义重大。我们通过爱的表达，与他人建立亲密关系；我们也会表达愤怒，拒绝和他人建立关系。情感史学家瑞迪把情感表达看作一种言语行为，具有探索和唤醒情感的功能。情感表达会激发人们的情感，爱的表达会唤醒爱的体验。

人类的情感表达有多种方式，比如身体姿势、面部表情、语言。其中,语言比较关键。人类发明了许多情感表达的词汇,它们是情感文化的重要构成。李晓愚说:“每一种文明的语言都与那种文明的思想方式、价值理念和民族习俗密切相关。”每一种文明都有着自己表达情感的语言体系,它既反映了该文明中的情感文化,也反过来塑造着人们的情感体验。同样是表达情感,不同的语言也具有不同的文化意义,产生不一样的情感后果。情感语言的丰富通常也意味着情感文化的丰富。时代的变迁会产生新的情感语言,同时也会遗忘一些传统的情感语言。到了我们这个时代,情感表达的语言走向泛滥,在网络空间中充斥着情感的话语和符号,但另一方面,情感语言也非常贫乏,人们重复着同质化的情感语言,使用着带有“文化工业”味道的情感表达符号。情感语言的贫乏带来的是情感的乏味。面对当代社会这样的情境,我们需要回到中华传统文化中去。

在这本书,尤其是“诗词篇”中,李晓愚为我们展现了丰富的情感表达语言。李晓愚深谙语言与情感的关系,她指出:“当我们的语言日渐枯燥贫瘠时,我们的感情和思想也会变得枯燥贫瘠。”是的,人类情感的丰富性在某种意义上依赖情感语言。或许是源于这样的观念,这本书用了大量笔墨来解释传统文化中情感语言的细腻之处。如果我们能够掌握一些传统文化中的情感语言,我们的情感世界或许也会有所改变。

克罗齐说,“一切的历史都是当代史”,“只有现在生活中的兴趣方能使人去研究过去的事实”。在这个情感文化急剧变迁的时代,我们需要回到古人的世界,获得另一些情感的资源;我们需要有更多的知识来教育我们的情感。《中华文化故事·少年读》在某种意义上激活了古人的情感文化，为当代的人们提供了理解情感的更多模式和表达情感的语言资源，找回那些失落的情感体验。

袁光锋

2022年6月22日

袁光锋，生于1985年，安徽砀山人，南京大学新闻传播学院副教授，硕士生导师，从事传播学、政治学与社会学的跨学科研究，主要方向为“情感与公共生活”领域。

附录
传送传统文化的“流光溢彩”

传统文化能给人生带来什么？南京大学教授李晓愚给出了她的答案：“它给了我诗意的感受，让我了解生命的深度，甚至在绝望中拯救了我。”

她将这份感悟沉淀，将文化故事积累，完成了“中华文化故事”丛书。在这套书中，李晓愚介绍汉字的创制演变与造字方法，探寻词语的来龙去脉，品读古典诗词的意境之美，趣谈古画背后的逸闻典故，追溯书法的渊源历史，精选承载丰富文化内涵的传统物件、风俗习惯，为读者呈现出中国古代文化和社会流光溢彩、魅力无限的风貌。

「古人境遇与心思的凝聚」

在“中华文化故事”丛书中，您为什么选择汉字、词语、诗词、古画、书法、风物这六个领域？

出于出版和研究的需要，我把传统文化分为诗词、书法、绘画等，其实传统文化是一个整体，就是古人的生活，不同领域彼此之间是相互渗透的。

我举个例子，台北故宫博物院藏着一件镇馆之宝——翠玉白菜。这件玲珑的玩意儿以一块半白半绿的翠玉为原料雕刻而成，菜叶上头还雕着一只蝈蝈、一只蝗虫。

这是一件艺术品，但如果你要理解这件艺术品，调动的知识是复合型的。你首先要知道白菜是什么意思，为什么要雕颗白菜，不雕颗西兰花呢？在我们民俗文化中，白菜谐音“百财”，是财富的象征。白菜的叶子是绿色的、菜帮是白色的，合起来就是“清清白白”。蝈蝈在古时候有一个文雅的名字——螽斯，这种昆虫的繁殖能力极强。古人生活在农业社会，相信人多力量大，多子便是多福，他们看到蝈蝈就联想到旺盛的生殖力，自然要歌颂一番。

如果再追问下去，你会发现，这颗白菜颇有来头，是光绪皇帝的妃子瑾妃娘娘入宫时的陪嫁品。所以这件艺术品的意思是，我们家世显赫、新娘“清清白白”，祝福她多子多孙，为皇室开枝散叶。

这些是词语的知识还是艺术的知识呢？所以不能分裂开来看。

中国和西方在美术欣赏方面有个很不一样的地方，中国叫读画，西方叫看画，读画是读什么呢？很多画是有典故的，你如果不了解这些典故，画的意思就打折扣了，很多画上还有书法，是题画的诗。这些都是融为一体的东西。

即便看不懂这些艺术品，也不妨碍一个人的日常生活。今天的我们为什么还需要这些古老的知识？

我觉得很重要的一点是，传统文化能帮助人们去发现日常生活中被忽略的美。比如你在西湖边，如果是阴沉沉的天气，望着远山，你会想起姜夔《点绛唇》中的“数峰清苦。商略黄昏雨”。当词句从你的脑海中冒出来的刹那，你眼前的风景都不同了，它会帮我们在美的层次上，有更深刻的领悟。有一句话是“世间不缺少美，而缺少发现美的眼睛”，眼睛怎么能发现美呢？不是只靠眼睛就行了，背后需要知识的储备。

此外，传统文化还可以让你看到生命的深度。我看到自己的白头发，就想到“最是人间留不住，朱颜辞镜花辞树”，人世间最留不住的就是镜中一去不复返的青春和离树飘零的落花。变老、时光流逝是不以你的意志为转移的，想到这里就会觉得很感伤，但是你不要忘了，还有别的诗——“落红不是无情物，化作春泥更护花”。只把自己当成花，就很惨，因为花要凋谢，但是你换个视角，落红老了化为泥巴，去护花、去延续，那你的生命就有新的价值了。

人生未必如诗，但人生应该如诗。以诗意的心灵去感知和判断世事，才会有诗意的人生。

我原以为传统文化之“用”也就在于给人生以诗意，但其实不止如此，我还被诗词拯救了。几年前，因为工作压力和产后抑郁，我患上了严重的失眠症。一旦黑暗来临，害怕睡不着的恐惧就将我深深裹挟。无数个夜晚，我坐在床上放声痛哭，不明白为什么像睡觉这样人人会做的事，我居然不会！中医、西医，神经科、心理科我看了个遍，各种方法都试过，却无改善。在无心睡眠的漫漫长夜里，翻阅古诗词成了唯一的排遣方式。每每读到“悠哉悠哉，辗转反侧”“忧愁不能寐，揽衣起徘徊”“徘徊欲睡还复行，三更犹凭阑干立”之类描写失眠的句子，我的心中就会滋生无限的安慰。从三千年前《诗经》里的君子，到孟浩然、高适、陆游，他们统统失过眠，“吾道不孤”啊！古人夜不能寐，或为爱情，或为事业，或为家国兴亡，或为坚守气节，跟他们相比，我的失眠显得那么微不足道。我还从古人那儿得到了一个重要启发：他们虽没有安眠药，却从不为睡不着而焦躁，或弹古琴，或观松月，或徘徊散步，连陶渊明“披褐守长夜”里的“守”字也透着一种安定和坦然。在无眠的夜晚，这些诗词成为我精神上的加持，我不再痛哭，不再焦虑，不再把睡不着当回事。奇怪的是，当我放弃与失眠搏斗之后，竟然轻松地睡着了。

年岁愈大，涉世愈多，我愈发现传统文化是可以在实际生活中发挥作用的。作用的大小，取决于个人的经历。就如王夫之所说，“作者用一致之思，读者各以其情而自得……人情之游也无涯，而各以其情遇”。“自得”二字道出了读诗的真谛。一首诗，一阕词，都是古人境遇与心思的凝聚，至于后人能得到多少，全凭各自以生命阅历去印证。

「“普通知识”绝不普通」

看到“中华文化故事”的丛书名，很多人会觉得这是写给孩子的书，您在写作时设定的目标读者是谁？

我设定的第一读者就是我自己，因为搜集资料和完成这套书的过程对我来说，就像是一场旅行。我觉得旅行有两种，一种是出国，去陌生的国家，还有一种是去往昔，这不也是“外国”吗？只是我不用背着行囊，只要捧着书就能够到陌生的“国度”，在这场旅行中你也会看到很多有趣的东西，好奇心被满足。很多旅行的人都喜欢写游记，在古典文化中畅游的我，也想把这些说给感兴趣的人听。

关于这套书适合谁看，我觉得适合所有人，不管是青少年，还是成年人，很多成年人觉得汉字、词语这些知识他都是了解的，我在书中将这样的知识称为“普通知识”，但读了书你会发现，恰恰是这些普通的知识，才是最不普通的。

为什么这些普通的知识才是最不普通的？

在阿加莎·克里斯蒂的侦探故事中就有这么一段。女凶手伪装成被她杀害的尊贵女士，出现在一个上流人士的宴会上，宾客闲聊，有人提到了“帕里斯的裁判”（Judgement of Paris），女凶手插话道：“什么，巴黎的裁判？我看现在巴黎已经做不了主，管事的是伦敦和纽约。”“帕里斯的裁判”是西方著名的典故，说的是帕里斯王子将金苹果判给爱神阿芙洛狄忒，之后在爱神的帮助下把绝世美人海伦诱拐到特洛伊，从而引发特洛伊战争的故事。"帕里斯"与"巴黎"的英文拼写完全一样，无知的女凶手将它们混为一谈。正是这个知识漏洞，使她露了馅——她可以在外形上伪装成尊贵的女士，却无法伪装她的学识。艺术史家贡布里希在《普通知识的传统》一文中引用了这则侦探故事，以此为例来说明：普通知识就是不普通的知识，因为它只对某个层次的人而言才称得上普通。

对于中国人而言，很多典故仍以勃勃的生命力顽强地活在当下的语言环境中。我们日常的交流离不开这种共享的知识库。这些知识虽然大多来自道听途说、耳濡目染，却已融入我们的生命，身处中华文化中的每个人都可以不动声色地随意享用。如果对这些"普通知识"缺乏了解，交流就无法顺畅地进行。《还珠格格》里的小燕子把"三十而立"解释成"三十个人排排站"，引得观众哈哈一乐，但那是电视剧。试想在现实生活中，当你义愤填膺地向小伙伴怒斥某人为"秦桧"的时候，小伙伴却好奇地问你秦桧是谁，你会不会感到崩溃？

"古典"的价值不仅在于"古老"，更在于"经典"，那些跨越时代流传至今的成语典故包含着丰富的文化信息，从这一点上说，"普通知识"的意义绝不普通。

实际生活中，误用成语和滥用汉语、成语的现象十分普遍，似乎变成了一种语言"灾难"。

这种语言使用现象折射出一种浮躁的文化心态。这种文化心态的形成与信息化时代、读图时代有一定关系，人们“享受”快餐文化，很难潜心读书，不求甚解，简单而机械地模仿成为一种普遍的心理状态。这种心态在社会生活的各个方面都存在，语言的使用只是其中一个表征。

每一种文明的语言都与那种文明的思想方式、价值理念和民族习俗密切相关。这就是我们需要典故的理由之一：我们可以通过这些词语，洞悉古人的思维方式，从中获得启迪。我有一个特别的爱好，很喜欢搜集那些记录愚蠢行为的成语，比如刻舟求剑、守株待兔、按图索骥、揠苗助长、南辕北辙、自相矛盾、掩耳盗铃、杞人忧天等等，这些成语都是对前人生活经验的总结。我们的老祖宗的确用心良苦，用高度简洁的方式让我们牢记：人类的愚蠢是无边无际的，而且是无时无刻不存在的。还有一些成语，比如大而化之、断章取义、出尔反尔，在时光的推移中它们悲惨地“沦落”为贬义词，可如果你去了解一下它们最初的含义，一定能从中窥见古人的智慧。这些典故本身就是一种关于为人处世的教育。

语言是一个不断更新的系统，每一个时代的人都为这个系统贡献新的词汇。在网络时代，各种时髦话更是层出不穷。网络流行语对我们成语的文化有冲击吗？

我不想做个“老古董”，所以偶尔也会顺应潮流，使用“压力山大”之类的流行语。但我也很想告诉年轻的朋友们，一味顺应潮流恐怕不行，我们还得顺应文化、顺应古典。流行词汇的确创造了一种更直接、更率真的表达方式，但也失去了文化中细腻、幽微的一面。古人对于“压力山大”有着更多样的表述：任重道远、如牛负重、千斤重担、忍辱负重、心有余而力不足等等。这些词都在说压力大，但又有着微妙的区别，可以运用在不同的情境中。我有时会担心，时髦话和流行语的泛滥，会造成“劣币驱逐良币”的现象。长此以往，我们的表达会变得越来越单一，越来越粗俗。当我们的语言日渐枯燥贫瘠时，我们的感情和思想也会变得枯燥贫瘠。

「只有理解，才能挖掘」

毋庸讳言，传统文化在发展过程中遇到了不少意想不到的难题。随着时代文明的更迭、生活方式的革新，传统文化受到来自自身与外界双向的生存压力。

很重要的是要知道，“传播”和“传承”是很不一样的两件事。

“传播”是在空间中传递信息，而“传承”是在时间中传递信息。前者不易，后者更难。比如说，王羲之的书法已经没有真迹存世，就连大名鼎鼎的《兰亭序》也是唐代人的摹本，那是什么促成了王字传统跨越时空的传承？王羲之书法本身的艺术水准固然重要，但仅凭其一己之力，王羲之根本无法坐稳千年“书圣”的宝座，其中既有技术的助力，亦有文化的加持。就技术层面而言，中国艺术有临、摹、刻帖、拓片等特有的复制手段，书画原迹一经好手摹拓，便可一本化为千本，有如明月倒影千江。文化层面的因素更丰富，包括体制（复古传统、艺术史书写、皇家与文人趣味）、机构（宫廷、博物馆收藏）、个人实践（历代书法家的追摹和转化）等等。技术与文化因素的共同作用，保证了王字传统在过去和当下之间循环。因此在丛书的《书法的故事》中，我不仅仅谈论书法家和他们的作品，还想试着从技术与文化的角度探讨中国书法的经典是如何形成，又是如何延续的。

法国媒介学家雷吉斯·德布雷认为，我们正处于一个"传播社会"中。我们在征服空间上具有越来越完备的现代性，然而我们在时间的掌握上越来越弱——作品有多少能流传，又能流传多久，心中毫无把握。如何同时驯服时间与空间，我们或许能从传承中汲取些有益的经验。

目前最大的问题可能在于我们对于传统文化的挖掘程度不够，应该如何深度挖掘传统文化，并实现新生？

拿艺术品举例，现代人也许会理所当然地认为艺术品制作出来是供人摩挲把玩或令人赏心悦目的，简而言之，是为了观看、为了审美而创作的。然而，我想告诉大家的是，今天陈列在博物馆和美术馆里的古代绘画最初大多不是有意作为艺术品来展出的，它们都有自己独特的功能。比如敦煌莫高窟窟顶的精美壁画，它们绘制在幽暗的空间中，以正常姿势站着的观众根本无法看到。那么，画家为什么还要费尽心力地描绘呢？不是为了展示技艺，而是为了积累功德，重要的是制作，不是观看。再比如马王堆出土的帛画，它先是悬挂在亡者的灵前，供生者表达哀思；然后覆盖于亡者的内棺上，作为亡者的替代物，象征着亡者在另一个世界里的永恒存在。如果马王堆没有被发掘，这幅帛画根本不可能被观看。无数的绘画都是为了特定的场合、特定的目的而制作的：有的可能是为了行使巫术，如贺兰山岩石上的《公牛》；有的是为了陪伴亡者，如汉代画像砖上的《弋射收获图》和唐代章怀太子墓中的壁画；有的是为了进行道德训诫，如《女史箴图》《历代帝王图》；有的是为了宣扬帝王的功业，如《职贡图》《北齐校书图》。至于《韩熙载夜宴图》，其实它是一幅刺探大臣私生活的"情报图"。

总之，这些画的首要目的不是被观看和欣赏，而是要有用。难怪艺术史家贡布里希在《艺术的故事》一开篇便声明"没有艺术这回事，只有艺术家而已"。艺术家着手工作时，必须把绘画的目的、功能、使用的场合等种种因素都考虑进去，而不能纯粹为了美而创作。今天，我们解读这些画作的时候，也要努力地将它们还原到最初的历史语境中去，只有理解了，才能挖掘，才能传承。

传统文化就像一个生命体，只有跟人建立了紧密的共生关系，才能不断进化。

其实，传统文化部分地属于我们之前的创造者，部分地属于我们身后的世世代代。我们只是传送者，位于它们的过去和未来之间。我们敬畏传统文化，正是因为传统文化是中国社会自然进化的产物，蕴藏着也许我们还未充分认知的合理性，而不仅仅是因为它们的古老和稀有。

采访者：王　一

原载于《解放日报·读书周刊》